Theodor Georg von Karajan

J. Haydn in London 1791 und 1792

Theodor Georg von Karajan

J. Haydn in London 1791 und 1792

ISBN/EAN: 9783744658218

Hergestellt in Europa, USA, Kanada, Australien, Japan

Cover: Foto ©ninafisch / pixelio.de

Weitere Bücher finden Sie auf **www.hansebooks.com**

J. Haydn in London

1791 und 1792

Von

Th. G. von Karajan

WIEN

Druck und Verlag von Karl Gerold's Sohn

1861

Aus dem Jahrbuche für vaterländische Geschichte. Wien. 1861,

besonders abgedruckt.

Wer ums Jahr 1790 von der 'Herrengasse' Wiens dem 'Schottenthore' zuschritt, der erblickte am Ende der langen Strasse sich gegenüber ein umfangreiches Gebäude, das zur Rechten an die Kirche 'unserer lieben Frau zu den Schotten' sich lehnte, Eigenthum des ebenso genannten Benedictiner-Stiftes war und kurzweg, wie heute noch, der 'Schottenhof' hiess. An der linken Ecke des Hauses überragte ein runder Erkerthurm beide Stockwerke und lief zu oberst in ein zwiebelähnliches, rundes Dach aus, dessen Blech weithin nach allen Richtungen glänzte. Die Fenster dieses Thurmes blickten in drei an dieser Stelle zusammenlaufende Strassen, die 'Herren-', 'Domvogt-', jetzt 'Teinfalt-', und 'Schotten-Gasse.'

Wie der Thurm den aus den verschiedensten Gegenden Nahenden — auch die Strasse von der 'Freiung' her führt an ihm vorüber — gleichsam als Ziel- und Sammelpunct diente, so waren auch die wohnlichen Räume, die im zweiten Stockwerke an ihn sich reihten, damals der Ziel- und Sammelpunct für viele der anziehendsten Bewohner der alten, stets sang- und klangreichen Stadt.

Vorwiegend Musiker und Musikfreunde waren es auch, die hier, in der geräumigen Wohnung des Doctors der Weltweisheit und Heilkunde, Peter Leopold v. Genzinger, die langen Winterabende in heiteren Gesprächen

1

und gewandter Ausübung ihrer Kunst sich und Anderen
kürzten und veredelten.

Hier war es auch, wo an Sonntagen ab und zu
Männer wie Joseph und Michael Haydn, Mozart, Dit-
tersdorf, Albrechtsberger an der gastlichen Tafel des
Doctors stets willkommen waren, wo sie am Claviere
ihre neuesten Schöpfungen wohlwollenden Kennern vor-
trugen, bald Quartette veranstalteten, bald Sinfonien
selbst vorführten, kurz dem gemüthlichen Kreise gebil-
deter Bürger Genüsse bereiteten, die damals, wenn nicht
an öffentlichen Orten, doch vorwiegend nur in den Pa-
lästen des Adels zu finden waren.

Genzinger war ein in jener Zeit unter dem Namen
des 'Damen-Doctors' allgemein bekannter und sehr ge-
suchter Arzt. Man sah ihn täglich auf einem Schimmel,
eine silberne Gerte in der Hand, zu seinen Kranken
reiten [1]). Er hatte durch sieben Jahre im grossen Ar-
men- und dem ihm einverleibten Invaliden-Hause als
Arzt gedient, bei den Epidemien des Jahres 1763 den
Armen in den Vorstädten ohne alles Entgelt bei Tag
und Nacht Hilfe geleistet, und war seiner vielseitigen
Verdienste wegen durch die Kaiserin Maria Theresia
1780 in den österreichischen Adelsstand erhoben worden [2]). Im Jahre 1792 war er Rector der Wiener Hoch-
schule [3]) und viel früher schon Leibarzt des Fürsten
Nicolaus Joseph Eszterházy von Galantha, k. k. Feld-
marschall-Lieutenants und Ritters des Theresien-Ordens.
In dieser Eigenschaft musste er oft lange zu Eisenstadt

---

[1]) Ich verdanke diese und eine später benützte Angabe
über den Doctor dessen Enkel Eduard Edlem von Genzinger.
[2]) Leupolds Adels-Archiv. I, 3, 366.   [3]) Collands Hohe Schule
zu Wien. S. 539.

weilen, der prunkenden Residenz des Fürsten, der unter dem mächtigen Adel Ungarns eine hervorragende Stellung einnahm. Hier ward er mit Haydn in hohem Grade befreundet, der dann, so oft er in Wien weilte, jeden Sonntag Mittags sein Gast war. Doch nicht blos unser Doctor fühlte sich dem liebenswürdigen Meister von Herzen zugethan, auch dessen geistreiche Gemahlin, eine ausgezeichnete Sängerin und Pianistin, die damals in allen musikalischen Kreisen Wiens geachtet und gesucht war. Diese fand sich schon durch ihre Liebe zur Musik überhaupt unwillkürlich zu dem eben berühmt werdenden Haydn hingezogen.

Doch es wird gut sein, uns mit der Persönlichkeit dieser Frau etwas näher bekannt zu machen.

Maria Anna Sabina, geboren den 6. November 1750, war eine Tochter des fürstlich Batthyánischen Hofrathes Joseph Edlen von Kayser und dessen Gemahlin Maria Anna aus dem uralt österreichischen Geschlechte der Herren von Hackher zu Hart.

Sie war in der Zeit, die uns hier beschäftigt, seit etwa siebzehn Jahren die Gemahlin des Doctors und hatte ihm in glücklicher Ehe fünf Kinder geboren, zwei Mädchen, Josepha und Sabina, erstere sechzehn, letztere vier Jahre alt, und drei Knaben, Franz, Peter und Joseph, damals von fünfzehn, neun und sieben Jahren [1]).

Wem Marianne ihre allgemeine musikalische Bildung zu danken hatte, weiss ich jetzt nicht anzugeben, so viel aber lässt sich mit Bestimmtheit sagen, dass sie keine gewöhnliche war und so weit sich erstreckte, dass sie Partituren nicht nur zu lesen verstand, sondern

---

[1]) Leupold a. a. O. S. 367

aus ihnen, selbst für grosses Orchester geschriebene
Stücke, 'aus der Spart,' wie man damals sagte, 'ohne
alle Beihilfe' auszuziehen und mit Geschmack und Ge-
schick fürs Clavier zu setzen wusste.

Zu dieser gleichsam wiederschaffenden Thätigkeit
hatte sie zudem eine ganz besondere Neigung, denn sie
bezwang ihr zu Liebe die gewohnte weibliche Scheu
und wandte sich ohne weiters an Meister Haydn selbst
mit der Bitte um strenge Prüfung ihrer Arbeiten. Dieser Vorliebe nun müssen wir Dank sagen, und zwar in
doppelter Hinsicht, einmal weil sie gewiss in der Hei-
mat das Verständniss und die leichtere Verbreitung der
schönen Werke ihres und unseres Freundes gefördert
hat, dann aber auch, weil sie Veranlassung gab zu einem
Briefwechsel, dem wir jetzt manche Belehrung über
Haydns ersten Londoner Aufenthalt entnehmen können.

Dreissig Briefe nämlich sind es, vier Entwürfe von
Mariannens Hand, die übrigen Reinschriften von jener
Haydns, und aus den Jahren 1789 bis 1792, welche
Zeugniss geben von der gegenseitigen aufrichtigen Achtung und Liebe beider, sowohl in Bezug auf ihre Persönlichkeiten, als ihre Stellung zur Aussenwelt. Bisher
in meinem Besitze, will ich sie nach ihrer Veröffent-
lichung der k. k. Hofbibliothek als Geschenk verehren,
damit sie an diesem durch so viele Schätze geweihten
Orte der Nachwelt erhalten bleiben. Denn ich bin der
Ansicht, dass diese mit klarerem Blicke Haydn wieder
höher stellen wird, als der tonangebende Theil der Ge-
genwart, der in ihm nur mehr eine Stufe erkennen will
zu der gewaltigen Höhe, die sie jüngst erstiegen.

Sind die wenigen Briefe Mariannens herzlich, aber
gemessen zu nennen, so strömen jene Haydns über von
Zuneigung, ja Zärtlichkeit, was bei seinem Temperamente

einer liebenswürdigen, kunstsinnigen Frau gegenüber
nicht anders zu erwarten war. Dachte er vollends an
sein 'Hauskreuz,' dann durfte sich der Aermste wohl
auch glücklich fühlen im Verkehre mit Persönlichkeiten,
die seinen künstlerischen Werth zu erkennen befähigt
und geneigt waren, während es seiner Gattin, wie sich
Haydn selbst äusserte, 'gleichgiltig war, ob ihr Mann
ein Schuster oder ein Künstler sei [1]).'

So wie dieses Verhältniss in den Briefen Haydns
und Mariannens sich abspiegelt, so war es auch in der
Wirklichkeit, und ein hochbetagter noch lebender Zeit-
genosse dieser Beiden [2]), der hierüber befragt wurde,
äusserte gewissenhaft und wörtlich Folgendes: 'Haydn
scheint für diese Frau nicht blos künstlerische Achtung,
sondern auch zartere Gefühle gehegt zu haben. Den
Zeitgenossen war aber von einer Erwiderung dieser
Neigung nichts bekannt, sondern das wohlwollende Benehmen der Frau von Genzinger gegen Haydn schien
nur auf freundschaftlicher Achtung und auf Verehrung
seiner künstlerischen Stellung zu beruhen.'

Wie ich schon oben erwähnte, nahm der schrift-
liche Verkehr Mariannens und Haydns mit der Bitte
der ersteren seinen Anfang, ein schönes Andante, das
sie aus der Partitur 'einer seiner Sinfonien gezogen und
fürs Clavier gesetzt hatte, in Bezug auf das, was sie
dabei geleistet, prüfen zu wollen. Der Entwurf des

---

[1]) Griesingers biogr. Notizen über Haydn S. 21. [2]) Herr
Johann Schönauer, pensionirter Universitäts-Pedell, damals Sän-
gerknabe der k. k. Hofburg-Capelle und später mit allen musikalischen Berühmtheiten Wiens in Verbindung. Ich verdanke
die Mittheilung dieser Aussage Hrn. Dr Leopold v. Sonnleithner,
dem die Geschichte der Musik schon so manche Aufklärung
schuldet.

Briefes, den ich in den Beilagen unter Nummer I, d. i.
B. 1, folgen lasse, ist vom 10. Juni 1789 und beginnt
wie alle übrigen Entwürfe Mariannens mit drei Kreuzen
am mittleren oberen Rande des Blattes, nach einer from-
men Sitte jener und der früheren Zeit. Drei Monate
darnach, am 15. September, sendet sie das fünfte Stück
derselben Sinfonie, und am 29. October endlich das
letzte, B. 3. In dem vierten ihrer Briefe aber, B. 5,
vom 12. November desselben Jahres, äussert sie, sie
könne ihrer Freude nicht genug Ausdruck verleihen
über die Nachricht, dass ihre Arbeit den Beifall des
Meisters gefunden habe, und bemerkt bei dieser Gelegenheit: 'ich wollte nichts sehnlicher wünschen, als mehrere Zeit, vermög meinen vielen Hausgeschäften, zu haben, so würde ich gewiss viele Stunden der Musik widmen, welche meine liebste, angenehmste Beschäftigung
wäre.'

Haydn hatte auch wirklich unterm 14. Juni und
7. November, B. 2 und 4, sehr anerkennend über die
Arbeit Mariannens sich geäussert, was diese zu noch
grösserer Thätigkeit anspornte, so dass sie bald, wie
wir gleich sehen werden, mehrere Sinfonien Haydns
übersetzt hatte. Dass übrigens diese Urtheile des Meisters nicht blosse Galanterien waren, sondern auf Ueber-
zeugung beruhten, lehrt der Umstand, dass er die Arbeiten auch wirklich gedruckt wünschte, und desshalb
schon in einem Briefe vom 18. November 1789 ersucht,
ihm 'eine von ihrer eigenen Hand übersetzte und geschriebene Sinfonie ... zu schicken ... welche er allso-
gleich dem Herrn Verleger nach Leipzig zum Abdrucke
überliefern werde.' B. 6.

Haydn unterliess es auch nicht, fort und fort die
neuesten seiner Compositionen an Marianne zu schicken,

so ein Potpourri für das Clavier, eine Sonate für dieses
mit Begleitung einer Flöte oder Violine, B. 6 und 14;
Partituren fertig gewordener Stücke für Orchester, so
zweier Sinfonien, B. 24; ja er arbeitet auch wohl für
sie ganz besondere Stücke aus, theils aus eigenem An-
triebe, theils auf Veranlassung Anderer. So schickt er
drei neue Arien zu Gassmanns Amor artigiano, B. 10;
arbeitet lange an einer ihr zu widmenden Sinfonie,
B. 10, 12, 18, 21 und 24; ändert das bereits fertige
Adagio einer Sonate, B. 18; sendet ein zweites aus
einer neuen Sinfonie in C-minor, B. 21 und 24; oder
componirt im Auftrage seines Fürsten eine Clavier-
Sonate für Marianne, und will dann durchaus keine Bezahlung für seine Arbeit nehmen, B. 13, 14 und 15.
Dabei ist er höchst erfreut, wenn seine Werke Beifall
finden, und zwar 'im Schottenhofe,' B. 10, und nennt
dankbar und zärtlich die Spielerin oder Sängerin seiner
Stücke 'seine allerliebste Gönnerin,' B. 11 und 18, 'seine
Freundin,' 'Freundin und Wohlthäterin,' 'seine englische,'
'einzige,' 'gütigste,' 'gnädige Frau,' B. 15, 22, 25; küsst
tausend und aber tausendmal ihre schönen Hände, B. 14,
15 und 25, während er sich 'ihren unwürdigen Meister'
nennt, B. 10; ruft sich in der Ferne ihr Bild vor die
Seele und bemerkt: 'O ja, ich habe gegenwärtig Ihr
Bild ganz vor mir; ich höre Sie sprechen: 'nun diessmal, Sie abscheulicher Haydn, will ich Ihnen vergeben,
aber ... aber ...,' B. 25; dabei beklagt er die Zeit,
die er von ihr getrennt in Eszterház weilen muss, B. 12
und 15; ladet sie zärtlich ein, in seiner Einöde ihm
'das unschätzbare Glück eines Besuches' zu gönnen,
B. 11, und als einmal, im Mai 1790, ein Brief Haydns
an Marianne in Verlust geräth, durch die Eröffnung und
Durchsuchung der Brieftasche zu Oedenburg, da ver-

spricht er seiner Gönnerin, in Hinkunft seine Briefe mit
falscher Adresse zu versehen, nämlich mit einem zweiten an den fürstlichen Portier zu Wien gerichteten Um-
schlag, um 'solcher unverschämter Neugierde auszuweichen.' Um zudem das Aeusserste zu thun, eilte Haydn
kurz darnach selbst nach Oedenburg und stellte jenes
Briefes wegen strenge Nachfrage an, die aber erfolglos blieb. Seine Freundin zu beruhigen, schreibt er um-
gehend über den verlorenen und alle künftigen Briefe:
'Euer Gnaden können ... ganz ohne Sorgen seyn, dann
meine Freundschaft und Hochschätzung gegen Euer
Gnaden, so zärtlich dieselbe ist, wird niemahls strafbar
werden,' und meint: 'der oder die Neugierige,' welche
den verlorenen Brief erbrochen, würden in ihm, wie in
allen übrigen, 'nichts anderes als Rechtschaffenheit erhaschen können.' B. 11 und 12.

So viel mag genügen, um die Art des Verhältnis-
ses Haydns zu Mariannen zu schildern, wobei die Erwägung nicht wird fehlen dürfen, dass Haydn beim Beginne des Briefwechsels bereits im sieben und fünfzig-
sten, Marianne im neun und dreissigsten Jahre stand,
und dass ihrem Verkehre oft auch nichts weniger als
sentimentale Stoffe zu Grunde lagen, so z. B. die Be-
sorgung eines Sprachmeisters, der Ankauf eines Clavie-
res, eine Sendung Zwieback u. s. w. B. 10, 11 und 16.

Wenn man die langen Jahre in Erwägung zieht,
1761 bis 1790, die Haydn auf sich selbst beschränkt,
in hohem Grade beschäftigt und doch durch äussere
Aufregungen ungestört, in leitender Thätigkeit und doch
sehr abhängig, auf die mannigfachste Art oft wider Willen durch Andere verwendet und dennoch als Lenker
verantwortlich und selbstständig handelnd zu Eszterház
und Eisenstadt zubrachte, so begreift man vollkommen,

wie höchst lehrreich diese Zeit für ihn sein, ja wie sie
das aus ihm machen musste, was er geworden und die
Nachwelt an ihm bewundert; man begreift es, sage ich,
wie er es selbst begriff und desshalb äusserte: 'Mein
Fürst war mit all meinen Arbeiten zufrieden; ich erhielt
Beifall; ich konnte als Chef eines Orchesters Versuche
machen, beobachten was den Eindruck hervorbringt und
was ihn schwächt, also verbessern, zusetzen, wegschnei-
den, wagen; ich war von der Welt abgesondert, Niemand in meiner Nähe konnte mich an mir selbst irre
machen und quälen, und so musst ich original werden' [1]);
man wird aber von der anderen Seite auch wieder zu-
geben, dass ein so gestaltetes Leben, durch dreissig
Jahre lang an einem kleinen Orte, zum Theile auf einem
einsamen Schlosse fortgeführt, einem Manne vom Ta-
lente Haydns endlich unerträglich werden musste.

Allerdings zog sein Fürst jährlich in der Winters-
zeit auf etwa drei Monate regelmässig nach Wien. Wie
schnell aber werden diese für Haydn verronnen sein!
Kaum warm und klar geworden in den Künstlerkreisen,
die hier herrschten, hiess es wieder zurück in die Einöde von Eszterház, wo die einzige Erholung in Jagd
und Fischfang bestehen konnte [2]), denn seine Geldmit-
tel waren so beschränkter Art, dass er, dem Leichtsinne
seiner Frau gegenüber, oft in arge Geldklemme gerieth
und sein Fürst ihm wiederholt erlauben musste: 'in
dringenden Fällen auf ihn Schulden zu machen' [3]). Er
selbst gesteht an der angeführten Stelle, dass seine Noth
bis in sein sechzigstes Lebensjahr, mit anderen Worten
bis zu seiner ersten Londoner Reise, gewährt habe.

In den Briefen Haydns, die wir unten mittheilen,

[1]) Griesinger 24.   [2]) Ebenda 29, 30.   [3]) Dies 68.

drückt sich diese Missstimmung über seine ganze Lage
auf mannigfache Weise aus. So fühlt er sich im Spätherbste 1789 ganz niedergedrückt und nur das Bewusstsein, dass im fernen Wien eine Seele seiner in Güte
denkt, 'ermuntert ihn in seiner oft üblen Laune,' B. 4,
eine Seele, 'die sich nicht abschrecken lässt . . . ihn zu
Zeiten mit angenehmem Briefwechsel zu trösten, indem
ihm dieser zur Aufmunterung in seiner Einöde, seines
öfter sehr tief gekränkten Herzens, höchst nothwendig ist,' B. 12. Und am 27. Juni 1790 ruft er wehmüthig aus: 'Es ist traurig, immer Sclave zu sein; allein
die Vorsicht will es. Ich bin ein armes Geschöpf! Stäts
geplagt von vieler Arbeit, sehr wenige Erholungsstun-
den. Freunde? Was sag ich? Einen ächten? Es gibt
ja gar keine ächten Freunde mehr! Eine Freundin?
O ja, es mag wohl noch eine seyn. Sie ist aber weit
von mir. I nu, ich unterhalte mich im Gedanken (mit
ihr). Gott segne sie und mache, dass sie auch meiner
nicht vergesse!' B. 15. Eine noch schmerzlichere Aeusserung Haydns in Bezug auf sein abhängiges Leben
finden wir weiter unten angeführt, aus B. 21.

Und gerade der Winter des Jahres, mit welchem
unser Briefwechsel beginnt, 1789 auf 1790, war für
Haydns Sehnsucht nach dem Kunstleben Wiens sowohl,
wie nach dem anregenden und heiteren Verkehre dieser
damals noch gemüthlichen Stadt nichts weniger als günstig. Schon um den 7. November hoffte er im Kreise
seiner Freunde zu sein, B. 4; wir finden ihn aber am
18. noch zu Eszterház, B. 6, ja wie es scheint, kam er
erst zwei volle Monate später dahin, in der zweiten
Hälfte Jänners, B. 7. Natürlich wurden jetzt gleich
Quartette arrangirt, Mozarts Nozze di Figaro mit Be-
geisterung besucht, die angenehmsten Abende im Schotten-

hofe gefeiert, kurz Anregung auf Anregung gesucht und
gefunden, als plötzlich, am 3. Februar, der Befehl des
Fürsten zur Heimkehr nach Eszterház alle Illusionen
zerstörte. B. 8. So eilig war zudem die Abreise ange-
ordnet, dass Haydn seinen Dank 'für alle empfangenen
Gnaden' 'und alle angenehmsten Unterhaltungen' Mariannen nicht einmal mündlich abzustatten vermochte,
sondern es brieflich thun musste. B. 8.

Man kann sich übrigens denken, in welcher heiteren Stimmung Haydn diessmal sein liebes Wien nach
so kurzem Aufenthalte mochte verlassen und die sum-
pfige, flache Einöde des von endlosen Auen umgebenen
Schlosses Eszterház wieder erblickt haben. Doch wir
wollen ihn hierüber lieber selbst hören.

'Nun — da sitz ich in meiner Einöde,' schreibt
er Dinstag den 9. Februar, 'verlassen wie eine arme
Waise, fast ohne menschliche Gesellschaft, traurig, voll
der Erinnerung vergangener, edler Tage. Ja leider vergangen! — und wer weiss, wann diese angenehmen
Tage wiederkommen werden? Diese schönen Gesellschaften, wo ein ganzer Kreis Ein Herz, Eine Seele ist.
All diese schönen musikalischen Abende, welche sich
nur denken und nicht beschreiben lassen ... Wo sind
alle diese Begeisterungen? Weg sind sie, und auf lange
sind sie weg!... Ich fand zu Hause alles verwirrt. Drei
Tage wusst ich nicht, ob ich Capellmeister oder Capelldiener war. Nichts konnte mich trösten. Mein ganzes
Quartier war in Unordnung. Mein Fortepiano, das ich
sonst liebte, war unbeständig, ungehorsam. Es reizte
mich mehr zum Aerger, als zur Beruhigung. Ich konnte
wenig schlafen. Sogar die Träume verfolgten mich.
Denn da ich am besten die Opera: Le Nozze di Figaro
zu hören träumte, weckte mich der fatale Nordwind auf,

und blies mir fast die Schlafhaube vom Kopfe. Ich wurde in drei Tagen um zwanzig Pfunde mägerer, denn die guten Wiener Bisserl verloren sich schon unterwegs. 'Ja, ja,' dacht ich bei mir selbst, als ich in meinem Kosthause statt dem kostbaren Rindfleisch ein Stück einer fünfzigjährigen Kuh, statt dem Ragout mit kleinen Knöderln (Klösschen) einen alten Schöpsen (Hammel) mit gelben Murken (Gurken), statt dem böhmischen Fasan ein ledernes Rostbratl, statt dem so guten und delikaten Pomeranzen- einen Dschabel- oder sogenannten Gross-Salat (Grössling oder Sprossen vom Kopf-Salat), statt der Bäckerei dürre Apfelspalten und Haselnüsse u. s. w. speisen musste, 'ja, ja,' dacht ich bei mir selbst, 'hätte ich jetzo manchen Bissen, den ich in Wien nicht habe verzehren können!' u. s. f. B. 9.

Zu diesem Missbehagen, das Geist wie Körper herabstimmte und zudem wenig Aussicht auf Aenderung hatte, da sich für den Sommer keine Hoffnung zeigte, nach Wien zu kommen, B. 11, gesellte sich noch Ein Umstand, der es nur steigern konnte. Donnerstag, nämlich den 25. Februar 1790, war Maria Elisabeth, die Gemahlin des Fürsten, mit Tod abgegangen, eine geborne Gräfin Weissenwolf[1]). Ihr Ableben hatte den alten Herrn, der drei Jahre vorher mit ihr die goldene Hochzeit feierte, so tief ergriffen, 'dass wir,' erzählt Haydn, 'alle unsere Kräfte anspannen mussten, Hochdenselben aus dieser Schwermuth herauszureissen. Ich veranstaltete demnach die ersteren drei Tage Abends grosse Kammer-Musik, aber ohne Gesang. Der arme Fürst verfiel aber bei Anhörung der ersten Musik, über mein Favorit-Adagio in D, in eine so tiefe

---

[1]) Schönfelds Adels-Schematismus, 1, 13.

Melancholie, dass ich zu thun hatte, ihm dieselbe durch andere Stücke wieder zu benehmen. Wir spielten schon den vierten Tag Opera, den fünften Comoedie und endlich wie gewöhnlich die täglichen Spectakel, beorderte zugleich, die alte Opera 'L'amor artigiano' von Gassmann einzustudieren, weil sich der Herr kurz vorher geäussert hatte, sie gerne zu sehen.' B. 10.

Wie sichs begreift, war Haydn durch diese neue Vermehrung seines Dienstes nur noch mehr abgehalten, sich aus der drückenden Gebundenheit zu ziehen, die ihn von Wien und der ganzen musikalischen Welt ferne hielt. Wiederholte Versuche aber, ihn aus diesem Kreise zu erlösen, scheiterten jedesmal an der treuen Anhänglichkeit des Meisters, der sich seinem Fürsten durch Dankbarkeit für immer verpflichtet fühlte. Denn abgesehen davon, dass ihn der Fürst vor dreissig Jahren, also in seiner ersten, bedrängten Zeit, mit doppelt so hohem Gehalte, als er früher beim Grafen Morzin bezogen hatte, in seine Dienste rief und nachmals immer höher und höher besoldete, liess er ihm auch, als Haydn zweimal das Unglück traf, sein kleines Haus zu Eisenstadt sammt allem Hausrathe durch Brand vernichtet zu sehen, dasselbe jedesmal von Grund aus neu aufbauen und vollständig einrichten.

Dafür nun und für unzählige andere Liebesdienste, die der Fürst zudem auf die freundlichste Weise zu spenden verstand, war ihm Haydn aus ganzer Seele ergeben und schwur, seinen Herrn nie zu verlassen, bis der Tod sie trennen würde [1]).

Diess Gelöbniss hat er auch redlich gehalten. Er liess sich nie, von welcher Seite man ihm auch Aner-

---

[1]) Dies 68.

bietungen stellen mochte, und waren es die glänzendsten,
über diese auch nur in die entfernteste Verhandlung ein.
So hatte zum Beispiele schon ums Jahr 1788 Johann Peter Salomon, ein Deutscher aus Bonn, früher
in Diensten des Prinzen von Preussen, nachmals als
berühmter Violinspieler viele Jahre lang in Verwendung
bei dem Unternehmer des Haymarket-Theaters Gallini
zu London, im Auftrage dieses Letzteren Haydn schrift-
lich eingeladen, zu Concerten dahin zu kommen, und
noch Anfangs März 1790 überraschte ihn das Geschenk
einer 'niedlichen, vier und dreissig Ducaten schweren,
goldenen Tabatière,' welche ihm ein Fürst Oettingen-
Wallerstein mit der Einladung nach Eszterház sandte,
im Laufe des Jahres kostenfrei zu ihm zu kommen,
'indem Hochderselbe ein grosses Verlangen trage, ihn
persönlich zu kennen.' B. 10. Beide Einladungen blieben aber erfolglos.

So verstrich unter mannigfachen Aufregungen und
Anstrengungen auch der Sommer dieses Jahres, es kam
der Herbst herzu und mit ihm endlich der bedeutendste
Wendepunct in dem bis dahin höchst eintönigen Leben
unseres Meisters.

Dinstags nämlich den 28. September 1790 ver-
schied in seinem sechs und siebenzigsten Jahre der
treue und gütige Gönner Haydns, Fürst Nicolaus Joseph
Eszterházy von Galantha, sieben Monate und drei Tage,
nachdem seine Lebensgefährtin heimgegangen.

Er hatte Haydn in seinem letzten Willen nicht
vergessen, sondern ihm eine lebenslängliche Pension von
jährlichen tausend Gulden bestimmt[1]). Sein erstgebor-
ner Sohn und Nachfolger im Majorate, Fürst Paul Anton,

---

[1]) Dies 73.

fügte diesem Ruhegehalte freiwillig noch vier Hundert
Gulden bei, und zwar für Haydn ohne alle Verpflich-
tung einer Dienstleistung, wohl aber der Fortführung
seines bisherigen Titels. Die Capelle selbst jedoch löste
er sofort auf, und zwar aus ökonomischen Gründen und
weil er kein besonderer Freund der Musik war [1]).
So sehen wir endlich Haydn mit einem Male in
eine sorgenfreie und bequeme Lage versetzt, denn ein
Gehalt von vierzehn Hundert Gulden jährlich zählte
damals zu den höheren und gewährte mehr als jetzt die
dreifache Summe. Haydn übersiedelte also möglichst
bald nach Wien, wo er endlich ganz seinen Neigungen
und Entwürfen leben konnte.

In einem Briefe Haydns, der etwa in den eilften
Monat nach dessen Ankunft zu Wien fallen wird, B. 22,
finde ich, dass seine Frau in dem einem Freunde Haydns
eigenthümlichen Hause wohnte, nämlich Johann Nepo-
muk Hambergers, eines Registrators der k. k. niederösterreichischen Depositen-Amts-Verwaltung.

Wenn ich aber die für einen Musiker wie geschaf-
fene ruhige und anmuthige Lage des Hauses auf Johann Daniel Hubers getreuem Vogel-Perspectiv-Plane
der inneren Stadt Wien von 1785 betrachte, dabei
erwäge, dass man in jener Zeit viel seltener Wohnun-
gen wechselte als jetzt, dass zudem der Besitzer des
Hauses Haydns Freund war, so zweifle ich keinen Augenblick, dass Haydn selbst sie wählte und bezog, und
dass er wohl von hier aus seine Reise nach London
wird angetreten haben. .

Es lag nämlich dieses Haus gegen Sonnenaufgang
auf der jedem Geräusche der volkreichen Stadt völlig

---

[1]) Dies 73.

entrückten, sogenannten Wasserkunst-Bastei, und trug damals die Nummer 1196, jetzt 992. Im ersten Stockwerke zeigte sich ein mit Glaswänden geschützter Balcon, der eine schöne Fernsicht öffnete auf das seit neun Jahren mit üppigen Kastanien-Alleen bepflanzte Glacis. Dem Hause schief gegenüber lag ausserdem noch ein zierlicher Blumengarten des damals gräflich Pellegrinischen Palais. Das Haus hat jetzt nicht mehr die alte Form, sondern ward im Jahre 1805 ganz umgebaut und ist dermal im Besitze des Grafen Moriz Sandor.

Hier war es also wohl, wo eines Abends an Haydns Thüre geklopft wurde und ein Mann hereintrat, der sich mit den Worten: 'Ich bin Salomon aus London und komme Sie abzuholen; morgen werden wir einen Accord schliessen,' auf ziemlich unverschämte Weise unserem Meister vorstellte [1]).

Anfangs befremdet, musste sich jedoch Haydn gar bald an seinen Londoner Correspondenten vom J. 1788 erinnern, der ihm damals wie heute im Auftrage des Impressario Gallini die erste Einladung zur Londoner Kunstfahrt eröffnete.

Mit seiner diessmaligen, durch kein Schreiben eingeleiteten, somit ganz unerwarteten Hieherkunft hatte es aber folgende Bewandtniss. Nach einer im Auftrage Gallinis unternommenen Rundreise durch Italien, in der Absicht, Sänger für London zu werben, war Salomon im Spätherbste 1790 auf der Heimreise nach Cöln gekommen, wo er das Ableben des Fürsten Nicolaus Eszterházy erfuhr, der ja im Jahre 1788 das einzige Hinderniss war, an dem sein erster Versuch, Haydn nach London zu bringen, gescheitert war. Ohne langes

---

Bedenken eilte Salomon von Cöln nach Wien und trat nun mit aller Sicherheit, wie wir sahen, dem jetzt unabhängigen Haydn entgegen. Dieser, durch den unvorbereiteten Angriff Anfangs eingeschüchtert, will sich zurückziehen, hat Bedenken aller Art, weist auf seine Unkenntniss fremder Sprachen hin, auf seine Unerfahrenheit im Reisen überhaupt, auf sein bereits vorgerücktes Alter, kurz auf eine ganze Reihe von Schwierigkeiten, die aber Salomon durchaus nicht gelten lassen will, und denen er endlich so gewichtige Gegengründe, und zwar materieller Art, entgegensetzt, dass Haydn endlich schwankend wird.

Salomon nämlich bot im Auftrage Gallini dem Meister für jede Oper, die er liefern würde, drei Tausend Gulden, und für zwanzig neue Compositionen, die er in eben so vielen Concerten vorzutragen hätte, je ein Hundert Gulden, im Ganzen also zum mindesten fünf Tausend Gulden.

Seinen bisherigen knappen Geldverhältnissen gegenüber musste eine solche Summe, die am Ende nicht zu schwer zu verdienen war, Haydn gewaltig anlocken, die Fahrt zu wagen. An zahlreichen fertigen Werken, die nur über die einsamen Mauern des Schlosses Eszterház nicht hinausgedrungen waren, was sie auch innerhalb derselben an Beifall der Kenner mochten geerntet haben, fehlte es ihm durchaus nicht. Er hatte zudem ungemein Vieles vorgearbeitet und fühlte noch so ungeschwächte Kraft und Lust, Neues zu schaffen, dass ihn dieser Theil seiner Aufgabe kaum abgehalten hätte, mit Salomon wirklich abzuschliessen.

Ein Bedenken aber, und das ein echt Haydnisches, trat wieder mächtig in den Vorgrund, nämlich die gewissenhafteste Rücksicht auf seinen Herrn und Gönner,

den Fürsten, an den er zwar jetzt nicht mehr rechtlich
gekettet war, wohl aber durch die Bande der Dankbarkeit. Als daher sein Widerstand gegen Salomons Drän-
gen bereits ins Schwanken gerathen war, äusserte er
plötzlich: 'Nur wenn es mein Fürst zufrieden ist, folg
ich Ihnen nach London,' machte somit Alles von dieser Bedingung abhängig.

So weit gelangt zu sein musste schon für viel gelten, denn ringsum rieth Alles von der Reise ab. Selbst
Mozart, dessen Stimme bei Haydn sehr viel galt, sagte
treuherzig: 'Papa!', denn so nannte er ihn gewöhnlich,
'Sie haben keine Erziehung gehabt für die grosse Welt
und reden zu wenig Sprachen.' Worauf Haydn die
schöne Antwort gab: 'O! meine Sprache versteht man
durch die ganze Welt!' oder nach einer anderen Ueber-
lieferung und auf die Vorstellung hin, dass er es nicht
lange in der Fremde aushalten werde, da er nicht mehr
jung sei: 'Ich bin aber noch munter und bei guten
Kräften!'[1])

Die Einwilligung des Fürsten wurde also vorerst
eingeholt und in Kurzem erlangt, der Vertrag abge-
schlossen und die Vorbereitungen zur Reise begonnen.

Um ganz sicher zu gehen, stellte Haydn, gewiss
auf Anrathen irgend eines Rechtsfreundes, denn er selbst
wäre wohl kaum darauf verfallen, die Forderung an
Salomon, dass dieser vor der Abreise noch bei dem
Banquier-Hause Graf Fries und Compagnie zu Wien
fünf Tausend Gulden 'als Entschädigung für jeden

---

[1]) Ersteres bei Dies 75, letzteres bei Griesinger 35. Ich
bin auch diesen beiden Gewährsmännern, bis jetzt noch immer
unsere einzigen über Haydn, in der Darstellung der übrigen
oben erzählten Verhältnisse gefolgt, ausser wo ich Neues aus
den Briefen zu geben hatte.

widrigen Fall' erlege. Diess wurde auch ohne Anstand
geleistet, und nun begann Haydn die erforderlichen
Schritte, um sich Reisegeld zu verschaffen; denn mit
seinem Ruhegehalte allein konnte er unmöglich den
kostspieligen Aufenthalt und die Fahrt nach London
erschwingen, und daneben auch noch den Unterhalt seiner Frau zu Wien bestreiten.

Er verkaufte daher sein kleines Haus zu Eisenstadt um fünfzehn Hundert Gulden, und legte hiezu
noch fünf Hundert Gulden, 'die ganze Frucht seines
bisherigen Lebens, die er als sein Eigenthum betrachten konnte.' Er lächelte in späteren Jahren und sagte:
'Ich war doch ein armer Teufel!' [1]) In einem Briefe
aus London, vom 13. October des nächsten Jahres, finde
ich ausserdem noch, dass er nebst diesen beiden Sum-
men von seinem Fürsten noch 'zur Reise geliehene vier
Hundert fünfzig Gulden' abzustatten hatte. B. 22. Diesen Betrag entlehnte er wahrscheinlich aus übertriebe-
ner Vorsicht, da mit zwei Tausend Gulden die Reise
am Ende wohl zu bedecken war.

Kurz vor seiner Abreise, die auf den 15. December festgesetzt ward, nämlich Montags den 13., über-
reichte Haydn dem Könige von Neapel, Ferdinand IV.,
der damals gerade in Wien war, einige Arbeiten, die
er bei ihm bestellt hatte, in einer besonderen Audienz.
'Uebermorgen,' sagte der König, 'wollen wir sie aufführen.' 'Es thut mir unendlich leid, Euere Majestät,'
versetzte darauf Haydn, 'dass ich nicht zugegen sein

---

[1]) Dies 76. Dass Haydn ausser den eben erwähnten Be-
trägen auch noch Staatspapiere besass, die aber nicht angegriffen werden durften, werden wir bald hören. Diese zählte er
also nicht zu jenen Mitteln, 'die er als sein Eigenthum betrachten konnte!'

kann, denn Mittwoch reise ich nach England.' 'Wie,'
rief der König, 'und Sie haben mir versprochen nach
Neapel zu kommen?' und verliess mit Unwillen das
Zimmer. Er liess hierauf Haydn eine Stunde warten,
ehe er ihn wieder sprechen konnte, nahm ihm darnach
das Gelöbniss ab, nach seiner Rückkehr aus England
Neapel zu besuchen, und gab ihm Empfehlungsschreiben
mit an seinen Gesandten zu London, den Prinzen Castelcicala. Eine reiche Tabatière ward Haydn zudem
im Namen des Königs nachgeschickt.

So rückte allmälig der Tag der Abreise heran.
Kurz vorher übergab er in die treuen Hände seiner
Freundin eine Schatulle mit Staatspapieren, die er wahrscheinlich in den Händen seiner Frau minder sicher
glaubte, und die wohl einst in unvorhergesehenen Fällen einen letzten Nothpfennig bilden sollten, und desshalb nicht angegriffen werden durften.

Mittwoch den 15. December 1790 gegen Abend
sollte also die Abreise Haydns wirklich erfolgen. Mozart
verliess an diesem Tage seinen 'Papa' nicht. Er speiste
bei ihm und liess im Augenblicke der Trennung die
merkwürdigen Worte fallen: 'Wir werden uns wohl
heute das letzte Lebewohl in diesem Leben sagen!'
worauf die Augen Beider sich mit Thränen füllten, denn
sie hatten sich wahrhaft lieb und bewunderten gegen-
seitig neidlos die herrlichen Früchte ihrer grossen Ta-
lente. Sie haben sich auch nie mehr wiedergesehen,
denn kein volles Jahr war vorüber, als der jüngere der
beiden Freunde heimging.

In unseren Briefen erwähnt Haydn Mozarts mehrere Male. Wenn er von den Werken desselben spricht,
geschieht es stets mit Bewunderung. So träumt er in
B. 9 vom schönen Figaro, erwähnt 'die Meisterstücke

Mozarts' in B. 8 und äussert sich zu London, als ein
Gerücht vom Tode Mozarts am 20. December 1791
sich zu verbreiten anfing: in B. 24: 'Ich freue mich
kindisch nach Hause, um meine guten Freunde zu umarmen. Nur bedauere ich dieses an dem grossen Mozart zu entbehren, wenn es anders dem also, welches
ich nicht wünsche, dass er gestorben sein sollte. Die
Nachwelt bekommt nicht in hundert Jahren wieder ein
solch Talent!' Und als ihm einmal seine liebe Frau
geschäftig nach London berichtete, Mozart verbreite über
ihn zu Wien böse Gerüchte, da schrieb er an Marianne
mit gewohnter Milde: 'Ich kann es nicht glauben, dass
Mozart mich sehr herabsetzen sollte. Ich verzeihe es
ihm.' B. 22. Und gewiss war an diesem böswilligen
Gewäsche nicht das Geringste, denn nur zu bekannt
sind Mozarts stets aufs Innigste anerkennende, ja be-
wundernde Aeusserungen über Haydn, wie jene gegen
einen böswilligen Kritiker, dem Mozart auf die Schul-
ter klopfte und zurief: 'Wenn man uns Beide zusam-
menschmilzt, wird noch lange kein Haydn draus'[1]);
und jene zweite, die er einst Koczeluch (?) in den Bart
rieb, als dieser bei einem kühnen Uebergang in einem
neuen Quartette Haydns Mozart fragte: 'Das klingt fremd;
hätten Sie wohl so geschrieben?' und dieser antwortete:
'Schwerlich, so wenig wie Sie. Wissen Sie aber auch
warum? Weil weder Sie noch ich auf diesen Einfall
gekommen wären'[2]). Endlich bei einer anderen Gelegenheit: 'Keiner aber kann Alles, schäckern und er-
schüttern, Lachen erregen und tiefe Rührung, als Joseph
Haydn!'[3])

---

[1]) Leipziger allg. musik. Zeitg., I, 52 vom J. 1798.   [2])
Griesinger 105.   [3]) Leipz. allg. musik. Zeitg.. I. 115 vom J. 1798.

Diesen wenigen Bemerkungen über das schöne Verhältniss der beiden grossen Männer zu einander will ich noch eine Angabe meines Freundes Otto Jahn hinzufügen, die er in seinem Mozart, 3, 316 in der Note 88) niedergelegt hat. Sie enthält die Bestätigung obiger Aeusserung Mozarts bei seinem Abschiede von Haydn, der die trübe Ahnung seines Freundes auf sich bezogen hatte [1]), durch Haydns Schüler Sigmund Neukomm, 'mit dem Haydn öfters von diesem Abschiede gesprochen hatte, und mit wie bitteren Thränen er in London die Nachricht von Mozarts Tode erhalten habe.'

Von Wien ging Haydns Reise mit Salomon nach München, wo er die persönliche Bekanntschaft des königlichen Concertmeisters Christian Cannabich machte, eines damals sehr berühmten Compositeurs von Opern und Sinfonien, zugleich Virtuosen auf der Violine [2]).

Nun gings den Main und Rhein abwärts nach Bonn, wo unsere Gefährten Sonnabend den 25. December, also am ersten Weihnachtstage, eintrafen. Der Tag darauf, Sonntag, ward der Ruhe bestimmt.

Bonn war damals Residenz des Churfürstenthumes Cöln. Erzbischof Maximilian Franz, vier und dreissig Jahre alt, war der jüngste Sohn Maria Theresias und wie die ganze Familie ein grosser Freund der Musik. Er hielt daher stets viel auf eine wohlbesetzte Hofcapelle, die in dem schönen Residenzschlosse zu Bonn, das zum Theile 'Buenretiro' hiess, sehr häufig verwendet wurde.

Salomon forderte desshalb am Morgen des 26.,

---

[1]) Diess 77.   [2]) Dies's Angabe. 78, 'Mannheim' ist wohl Druck- oder Schreibefehler, denn Cannabich lebte von 1765 an zu München. Geboren war er allerdings zu Mannheim um 1742.

also Sonntags am zweiten Weihnachtstage, Haydn auf,
mit ihm die Messe zu besuchen und damit zugleich die
churfürstliche Capelle zu hören.

Kaum waren Beide in die Kirche getreten und
hatten sich einen schicklichen Platz gewählt, so begann
das Hochamt. Man spielte eine Messe von Haydn, was
unseren Meister gar sehr erfreute.

Gegen das Ende der Messe aber näherte sich ihnen
ein Mann, der Haydn einlud, ihm nach beendigter Messe
ins Oratorium zu folgen, wo er erwartet würde. Wie
erstaunte Haydn, als er da den Churfürsten selbst erblickte, der ihm freundlich die Hand reichte und ihn
seinen Virtuosen mit den Worten vorstellte: 'Da mache
ich Sie mit ihrem von Ihnen so hoch geschätzten Haydn
bekannt.' Darnach liess der Erzbischof beiden Theilen
Zeit, einander kennen zu lernen, und lud schlüsslich
unseren Meister an seine Tafel. Dieser aber hatte bereits mit Salomon ein paar Persönlichkeiten, die Haydn
kennen lernen wollte, bei sich in ihrem Gasthofe zu
einem kleinen Diner geladen, das sich nicht wohl mehr
absagen liess, er bat daher den Churfürsten ihn für ent-
schuldigt zu halten, was dieser auch nicht ungütig aufnahm. Haydn beurlaubte sich hierauf, denn die Zeit
war mittlerweile vorgerückt, und begab sich mit Salomon nach Hause. Wie erstaunte er aber, als er, da
angelangt, das kleine Diner von wenigen Gedecken
plötzlich auf ein Dutzend derselben angewachsen erblickte, und die tüchtigsten Musiker Bonns auf Veranlassung und Kosten des Churfürsten zu demselben geladen fand.

In dem Tagebuche Haydns über seine Reise und
den Aufenthalt zu London, welches Dies und Griesinger
benützten, findet sich von Bonn an keine weitere Auf-

zeichnung über den Weg, den die Gefährten genommen.
Aus unseren Briefen aber lässt sich Folgendes ergänzen.
Sie berührten auf der Weiterfahrt Brüssel, hielten
sich aber daselbst nur eine Stunde auf, und erreichten
Freitags den 31. December des Abends bei länger schon
anhaltendem Regen Calais.

Tags darauf war die Ueberfahrt nach Dover auf
sieben Uhr Morgens festgesetzt. Haydn befand sich bis
hieher im Ganzen wohl, nur bemerkte er, dass er durch
die ungewohnte Anstrengung der Reise, 'der Unordnung
des Schlafes und verschiedener Speisen und Getränke
wegen' mägerer geworden sei. B. 19.

Die Neige des Jahres ward daher ohne Zweifel
erquickendem Schlafe gewidmet. Sonnabends am Neu-
jahrstage, des Morgens und vor Beginn der ersten See-
reise, die Haydn zu unternehmen sich anschickte, war
sein erster Gang zur Kirche, um eine Messe zu hören,
und darnach in Gottes Namen das Schiff zu besteigen.
Die Abfahrt hatte auch wirklich um halb acht Uhr statt.

Anfangs durch vier ganze Stunden gab es fast gar
keinen Wind, so dass das Schiff die lange Zeit hindurch nur eine einzige englische Meile zurücklegte. Der
Capitän des Schiffes, in der übelsten Laune, meinte,
wenn die Windstille fortdauere, würden sie wohl Tag
und Nacht zur Ueberfahrt gebrauchen. Zum Glücke er-
hob sich um halb zwölf Uhr Mittags günstiger Wind,
so dass das Schiff bis vier Uhr Nachmittags von den
vier und zwanzig Meilen der Ueberfahrt zwei und zwanzig zurücklegte.

Haydn blieb während der ganzen Fahrt auf dem
Verdecke, 'um das ungeheuere Thier, das Meer, sattsam
zu betrachten,' wie er sich ausdrückt. B. 20. So lange
es windstill war, fürchtete er sich nicht, zuletzt aber,

als der Wind immer heftiger tobte und er die 'herandringenden ungestümen hohen Wellen' sah, überfiel ihn 'eine kleine Angst und mit dieser eine kleine Ueblígkeit,' doch überwand er sie und kam glücklich an das Gestade, während die Mehrzahl der Passagiere seekrank wurde und 'wie die Geister aussahen.'

Das Paquetschiff selbst konnte wegen der mittlerweile eingetretenen Ebbe nicht in den Hafen einlaufen. Wer daher von den Reisenden Lust hatte, in eines der beiden vom Ufer entgegen gesandten zwei kleineren Schiffe zu steigen, und sich dabei einem ziemlichen Sturmwinde auszusetzen, langte fünf Stunden früher an als das grosse Schiff, das erst mit der Fluth einlaufen konnte.

Haydn ergriff den kühneren Theil, kam glücklich ans Gestade und um fünf Uhr Nachmittags nach Dover. 'In London,' meinte er aber, 'sei er die Beschwerden der Reise erst gewahr worden,' denn er 'gebrauchte zwei Tage, um sich zu erholen.' Ganz 'frisch und munter' machte er sich darnach an die Betrachtung 'der unendlich grossen Stadt London, welche wegen ihrer verschiedenen Schönheiten und Wunderdinge ganz in Erstaunung versetzt.'

Bei seiner Ankunft fand Haydn vorerst einige Zimmer bei Salomon bereit [1]), fasste aber gleich in den ersten acht Tagen den Entschluss, 'um mehr Ruhe zu haben, ein Zimmer weit vor der Stadt zu miethen.' B. 20.

Schon Montags den dritten Jänner begannen die Einladungen; denn kaum hatte Haydn am Sonntage dem neapolitanischen und österreichischen Gesandten seinen Besuch abgestattet, an deren ersteren er ein

---

[1]) Dies 79.

Empfehlungs-Schreiben seines Königs zu Wien erhalten
hatte, so lud ihn dieser für Dinstag den vierten zu
Tische, während Beide innerhalb zweier Tage zum Ge-
genbesuche bei ihm vorfuhren, ohne Zweifel Auszeich-
nungen, die unserem armen Meister ebenso angenehm
waren, wie das Diner beim Prinzen Castelcicala, von
dem er wehmüthig bemerkt: 'aber Notabene um sechs
Uhr Abends. Das ist so Mode hier!' B. 20.

Kaum war Haydns Ankunft in London ruchbar
geworden, als es an ein unbequemes Ausposaunen ging.
'Durch drei Tage,' schreibt er an Marianne B. 20, 'wurde
ich in allen Zeitungen herumgetragen. Jedermann ist
begierig mich zu kennen. Ich musste schon sechs Male
ausspeisen' (innerhalb sieben Tagen) 'und könnte, wenn
ich wollte, täglich eingeladen sein, allein ich muss erstens auf meine Gesundheit und zweitens auf meine Arbeit sehen. Ich nehme ausser den Mylords bis Nachmittags um zwei Uhr keine Visite an.'

Und um endlich den ewigen Besuchen und der
Zudringlichkeit Neugieriger zu entrinnen, auch mehr
Zeit zum Arbeiten zu gewinnen, setzte Haydn seinen
Entschluss wegen des entfernteren Quartiers sofort in
Ausführung.

Er miethete sich also noch Anfangs Jänner im
westlichen Theile der Stadt, zwischen Regents- und
Hyde-Park, Great-Pulteney Street Nr. 18, bei einem
Italiener, einem Koche, 'ein niedliches, bequemes, aber
auch theueres Logement.' Sein Hausherr lieferte ihm
selbst die Kost, täglich vier Speisen, recht gut bereitet.
'Wir bezahlen,' Salomon hielt mit, 'ein jeder ohne Wein
und Bier täglich 1 fl. 30 kr.; aber alles ist erschröck-
lich theuer.' B. 20.

Bald nach der Ankunft Haydns langte völlig

unerwartet ein Schreiben seines Fürsten ein, wodurch ihn dieser förmlich zurückrief. Seite 137 seiner biographischen Nachrichten erwähnt Dies einer solchen Zurückrufung und bemerkt, sie sei geschehen, um Haydn zu bewegen, bei Gelegenheit einiger Feste zu Eszterház eine Oper zu schreiben.

Haydn konnte jedoch diesem Wunsche mit dem besten Willen keine Folge geben, weil er bereits durch eingegangene Verträge auf längere Zeit an London gebunden war. Auch in unseren Briefen, namentlich in B. 21, findet sich eine Bestätigung dieser Angabe in folgender Aeusserung Haydns, die er Mariannen am 17. September 1791 eröffnet. 'Das Schicksal will es so haben, dass ich noch acht oder zehn Monate in London verbleibe. O meine liebe, gnädige Frau! Wie süss schmeckt doch eine gewisse Freiheit! Ich hatte einen guten Fürsten, musste aber zu Zeiten von niedrigen Seelen abhangen. Ich seufzte oft um Erlösung. Nun hab ich sie einigermassen. Ich erkenne auch die Gutthat derselben, ohngeachtet mein Geist mit mehrer Arbeit beschwert ist. Das Bewusstsein, kein gebundener Diener zu sein, vergütet alle Mühe! Allein so lieb mir diese Freiheit ist, so gerne verlange ich bei meiner Zurückkunft im Fürst Eszterházyschen Dienste zu sein, blos meiner armen Familie wegen. Ob ich aber dieses Verlangen erhalten werde, zweifle ich sehr, indem mein Fürst über mein längeres Aussenbleiben sich in seinem Schreiben über mich beschwert und absolute meine baldige Rückkehr verlangt, welches ich aber vermöge neuen Contractes, so ich hier machte, nicht vollziehen kann. Ich erwarte nun leider meine Entlassung, hoffe aber anbei, dass mir Gott die Gnade geben wird, durch meinen Fleiss diesen Schaden in etwas zu ersetzen.' B. 21.

Haydns Weigerung heimzukehren nahm Fürst Paul allerdings nicht freudig hin, und Haydn mochte sich bei seiner Heimkunft auf einen ernsten Verweis gefasst machen. Die Sache lief aber dennoch viel besser ab, als er erwartete, und der Fürst, als sich Haydn ihm wieder vorstellte, liess nur den Vorwurf vernehmen: 'Haydn, Sie hätten mir vierzig Tausend Gulden ersparen können!' Freitags den 7. Jänner besuchte Haydn zu London ein grosses Liebhaber-Concert, zu dem er geladen war. Er kam etwas zu spät an, und als er sein Billet abgab, bedeutete man ihn, in einem Nebenzimmer zu warten, bis das Stück, das gerade aufgeführt werde, zu Ende sei. Als dies der Fall war, öffnete man die Thüre, der Unternehmer des Concertes eilte ihm entgegen, reichte ihm seinen Arm und führte ihn unter allgemeinem Händeklatschen durch die Mitte des Saales ganz vorne hin ans Orchester. Hier wurde er, wie er sich in B. 20 ausdrückt, 'angeäfft und mit einer Menge englischer Complimente bewundert. Man versicherte mich, dass diese Ehre seit fünfzig Jahren nicht sei vollzogen worden.' Nach dem Concerte ward Haydn in einen nebenan befindlichen schönen Saal geführt, wo die Musikfreunde an einer Tafel von zweihundert Gedecken Platz nahmen. Haydn musste obenan den Ehrenplatz einnehmen. Er schützte Unwohlsein vor und wollte sich entfernen, doch half dies nur theilweise, und Haydn musste trotzdem 'die harmonische Gesundheit in Burgunderwein allen Anwesenden zutrinken, welche es erwiderten. Und alsdann liess man mich nach Hause führen.'

Wie sehr ihn auch diese Huldigungen freuten, er sehnte sich dennoch heim und äussert in demselben Briefe noch: 'Alles dieses, meine gnädige Frau, war für

mich sehr schmeichelhaft, doch wünschte ich mir, auf
eine Zeit nach Wien fliehen zu können, um mehrere
Ruhe zur Arbeit zu haben; dann der Lärm auf denen
Gassen von dem allgemeinen verschiedenen Verkaufs-
volk ist unausstehlich.'

Haydn arbeitete nämlich damals schon an seinen
neuen Sinfonien, da das Libretto zur Oper noch nicht
fest bestimmt war. Die Zeit aber rückte immer näher
heran, die an die Vorbereitungen für die bedungenen
Concerte zu denken mit Ernst gemahnte.

Daneben hatte die Ankunft unseres Meisters eine
bedeutende Aufregung unter den Musikern Londons hervorgerufen. Bewunderung wie Neid forderten das ge-
diegenste wie klügste Auftreten.

Dr. Charles Burney, damals ohne Zweifel der bedeutendste Kenner und Schriftsteller Englands im Fache
der Musik, hatte Haydns Ankunft zu London mit einem
Gedichte gefeiert, das gedruckt von Hand zu Hand ging.
Es führte den Titel: 'Verses on the Arrival in England
of the great Musician Haydn. January 1791.' In seinen
Denkwürdigkeiten aber bemerkt Burney über den Eindruck, den Haydns Anwesenheit zu London bei den
Freunden der Musik hervorgerufen habe: 'Die Liebhaber
der Musik haben es Salomon zu danken, dass ihnen zu
Theil geworden, was sie in Hinkunft ihr Heil nennen
werden, die Hieherkunft Haydns' [1]).

Das erste Concert unseres Meisters sollte Freitags
den 25. Februar 1791 statthaben [2]). Man sehe die eben

---

[1]) Memoirs. London, 1832. 8. 3, 132. 'Tis to Salomon
that the lovers of music are indebted for what the lovers of
music will call this blessing.'   [2]) Damit im Widerspruche gibt
W. T. Parker in seinen 'Musical Memoirs,' London, 1830. 8.
1, 143 den 12. März an. Nach ihm hätte Haydn für die zwölf
Sinfonien und ihre Aufführung Tausend Pfund erhalten.

angeführte Stelle aus Burneys Memoirs im weiteren Ver-
laufe. Für dieses nun hatte Haydn die neue Sinfonie
in D bestimmt, wahrscheinlich Nr. 2 des in Nr. 31 der
Beilagen mitgetheilten Verzeichnisses. Und zwar sollte
dieselbe, wie alle Productionen Haydnscher Stücke, ver-
tragsmässig im zweiten Theile des Concertes aufgeführt
werden. Diese Bedingung hatte er ein für alle Male
gestellt, und zwar aus folgendem Grunde. Der Sitte der
Engländer gegenüber, möglichst spät zum Mittagsmahle
zu gehen, geschah es nämlich sehr häufig, dass die Logen lange nach dem Beginne der ersten Stücke der
Concerte sich erst füllten, was begreiflicher Weise allerlei Störungen hervorrief und den Eindruck mancher
Stücke nicht nur schwächte, sondern zuweilen auch ganz
zerstörte. Haydn verlangte daher unerbittlich die Aufführung seiner Stücke in der zweiten Abtheilung der
Concerte. Zudem findet sich über die Londoner Productionen auch das noch aus Haydns Mittheilungen bei
Dies S. 91 angemerkt, dass die verspäteten Besucher
der Concerte zum Ueberflusse kurz nach ihrer Ankunft
einem sanften Verdauungs-Schläfchen sich hingaben, was
auch dem schalkhaften Meister die Veranlassung soll
gegeben haben zu seinem berühmten Andante mit dem
Paukenschlage.

Bevor es aber zum Concerte selbst kam, war erst
noch, wie gewöhnlich, die Noth der Proben zu überwinden, für Haydn doppelt qualvoll, weil er der Lan-
dessprache nicht mächtig war. Seite 81 seiner Nachrichten hat Dies aus dem Tagebuche des Meisters eine
drollige Scene aus einer solchen Probe mitgetheilt, die
ich hier einreihen will.

Die aufgelegte Sinfonie nämlich begann mit einem
kurzen Adagio, dessen Gesang drei gleichtönende, sehr

weich anzuspielende Noten einleiteten. Die Probe begann, die schwermüthigen drei Noten aber wurden statt
weich mit heldenmüthigem Muthe und Nachdruck angeschlagen. Haydn unterbricht daher das Weiterspiel und
Salomon verdolmetscht geschäftig des Meisters Missbilli-
gung und Wunsch. Man beginnt von Neuem, aber nicht
sanfter. Haydn protestirt abermals. Während der eingetretenen Stille nun sagt ein dicht hinter dem dirigi-
renden Meister sitzender Cellist, von Geburt ein Deutscher, zu seinem Nachbar 'in der trauten Frau-Mutter-
Sprache': 'Du, dem sind schon die ersten Noten nicht
recht, wie wirds mit den übrigen aussehen!?' Haydn
aber, tief gerührt durch diese Klänge, wendet sich um
und sagt mit aller Höflichkeit: 'Ich ersuche Sie ja nur
um eine Gefälligkeit, die ganz in Ihrer Macht steht.
Mir thut es sehr leid, mich nicht in englischer Sprache
ausdrücken zu können. Wenn Sie aber erlauben, will
ich meine Meinung auf dem Instrumente selbst vortra-
gen,' worauf er eine Geige ergriff und den Anstrich der
drei Töne, wie er ihn wünschte, angab.

Das Concert selbst verlief übrigens zur vollen Befriedigung der Hörer. Burney a. a. O. erzählt, der An-
blick Haydns, der am Clavier dirigirte, hätte wie elek-
trisch auf die Anwesenden gewirkt, Aufmerksamkeit und
Beifall in höherem Grade wachgerufen, als er sich je
erinnerte, in England bei Instrumental-Musik beobachtet
zu haben. Das Adagio der Sinfonie musste wiederholt
werden, eine in London ganz unerhörte Erscheinung.
Zu vergleichen ist auch Griesinger S. 44.

Nun ging aber auch der Neid anderer musikalischer
Gesellschaften los. Vor allen war es die Verbindung
der sogenannten 'Professionalisten' oder 'Professoren,'
wie sie Haydn nennt, B. 22, also Musiker von Profession,

zum Unterschiede von den Verbindungen der Liebhaber-
oder Dilettanten-Concerte so genannt, welche die Er-
folge der Concerte Haydns im 'Haymarket-Theatre' mit
scheelem Blicke betrachteten. Die 'Professional-Concerte'
wurden dagegen im neuen Concert-Saale, nicht weit von
Haydns Wohnung, in 'Hannover-Square' gegeben. Wir
werden später Gelegenheit finden, der Kämpfe zu gedenken, welche durch diese Nebenbuhlerschaft hervorgerufen wurden.

Die meisten Feinde und Neider zählte Haydn, wie
er selbst berichtet, B. 22, in der Reihe der italienischen
Künstler. Er schreibt Mariannen darüber: 'Dass ich
auch in London eine Menge Neider habe, ist ganz gewiss, und ich kenne sie beinahe alle. Die meisten davon sind Wälsche. Allein sie können mir nicht nahe
kommen, weil mein Credit bei dem Volke schon von
vielen Jahren her festgesetzt war.' Einen ergötzlichen
Auftritt mit dem Italiener Felice Giardini hat Dies
S. 105 aus Haydns Munde aufgezeichnet. Dieser wollte
nämlich den grössten Violin-Virtuosen seiner Zeit, denn
das war Giardini, persönlich kennen lernen, dabei aber
nicht uneingeführt dessen Haus betreten. Er ersuchte
daher einen Lord, der sich ihm dazu antrug, ihn bei
dem Künstler einzuführen. Es geschieht und Beide lassen sich bei Giardini anmelden. Der Bediente aber
schliesst zufällig die Thüre hinter sich nicht ab, und
Haydn hört nun ganz deutlich, wie Giardini den Besuch ablehnt und laut zum Bedienten sagt: 'Ich will
den deutschen Hund nicht kennen lernen!' Worauf sich
die schnöde Abgewiesenen unter furchtbarem Gelächter
Haydns entfernen. Trotzdem besuchte Haydn kurze Zeit
darauf ein Concert Giardinis, in welchem er erstaunte
über die seltene Virtuosität und Zartheit seines Spieles.

Diess hielt ihn aber nicht ab, später einmal nach einem
zweiten Concerte desselben Künstlers, in welchem der,
wie es scheint, sehr launenhafte Mann unaufgelegt und
schlecht spielte, in seinem Tagebuche lakonisch anzu-
merken: 'Am 21. Mai 1791 war Giardinis Concert in
Ranelagh; er spielte wie ein Schwein.' Griesinger S. 40.

Dass sich Haydn mit richtigem Tacte in die Ei-
genheiten der Engländer zu finden wusste, lehrt die
Wahrnehmung, dass er vor der Aufführung früher von
ihm componirter Stücke zu London allerlei Aenderun-
gen vornahm. So erwähnt er diess ausdrücklich von seiner Sinfonie in E-moll [1]), um welche er Mariannen
durch ein halbes Jahr in jedem Briefe schrieb, bis sie
endlich im März 1792 über Brüssel in doppelter Fas-
sung in Stimmen und Partitur anlangte, worüber er bemerkt: 'Mir war die Partitur um so viel angenehmer,

---

[1]) Die Bezeichnung der Tonart dieser Sinfonie, wenn man
die übrigen Stellen zu Rathe zieht, welche sich in späteren
Briefen auf dieselbe beziehen, ist nach unserer heutigen Rede-
weise unrichtig und sollte Es lauten. Doctor Leop. v. Sonnleithner, den ich um Aufklärung bat, belehrte mich, der Ausdruck
E-moll bedeute für jene Zeit so viel als Eb oder Es. Im Französischen heisse Es Mibémol, im Englischen Eflat. Man sagte
auch im Deutschen Bémoll, statt einfach B. Wollte man wirklich unser Moll bezeichnen, dann sagte man 'minor.' Darum
spricht Haydn in B. 24 von der Sinfonie in C minor und von
der Sonate 'Ex As,' das ist mit 4 B-moll. In Brief 22 gibt er
aber das Thema des Allegros selbst an, und dieses weist entschieden auf die Sinfonie Nr. 15 der Magdeburger Ausgabe des
Arrangements für das Pianoforte zu vier Händen, somit als Tonart der ganzen Sinfonie auf Es-dur. Auch in B. 20 begehrt
Haydn, wie in späteren Briefen, die noch immer nicht einge-
langte Sinfonie, nennt sie aber an der einen Stelle 'in Es,' an
andern in 'E-moll,' so dass man sieht, beides galt ihm gleich.

weil ich Vieles davon für die Engländer abändern muss.'
B. 27.

Die Leiter der Professional - Concerte wussten es
endlich, als das Haymarket - Theater bei Haydns Concerten die Zahl der Besucher nicht mehr fassen konnte,
auf kluge Weise so einzuleiten, dass Haydn und Salomon auch mit ihrer Verbindung einen Vertrag auf zwölf
Concerte abschlossen, in deren jedem Haydn ein neues
Stück seiner Muse aufführen sollte. Salomon spielte in
diesen Concerten die erste Violine, hatte aber in Kurzem, was Haydn gar nicht bemerkte, mit den übrigen
'Professoren' ein so heilloses Gezänke angefangen, dass
sich endlich das ganze Unternehmen zerschlug, und als
Folge davon einen zweiten Concert Cyclus im Haymarket-
Theater veranlasste. Gallini und Salomon waren auch
bei dieser zweiten Reihe die Unternehmer. Die Professional - Concerte gingen nun natürlich daneben auch
fort, nur dass die Professoren nun an Salomons Stelle
als ersten Violinspieler den berühmten Wilhelm Cramer
wählten, einen Mannheimer von Geburt und Schüler
des älteren Cannabich. Statt Haydns Compositionen
wurden dagegen neue von Muzio Clementi zur Aufführ-
rung gebracht, kurz Alles aufgeboten, um neben den
Concerten Haydns mit Ehren bestehen zu können.

Clementi componirte nun eine neue Sinfonie, welche,
zur Aufführung gebracht, entschieden gefiel. Da will
man aber Haydns Arbeiten drücken und lässt in der
zweiten Abtheilung desselben Concertes auf die neue,
beifällig aufgenommene Sinfonie Clementis eine längst
veröffentlichte Haydns folgen, in der Erwartung, sie
werde weniger ansprechen. Gerade das Gegentheil aber
tritt ein, denn sie gefällt nur um so mehr, und nun ist
auch noch Clementi wegen der für ihn unglücklichen

Wahl im höchsten Grade verbittert. Kurz der Wetteifer beider Verbindungen wurde auf diese Weise immer mehr noch gesteigert.

Man kann sich übrigens denken, dass Haydns Kräfte in Folge so vieler Anstrengungen und Aufregungen nicht wenig in Anspruch genommen wurden. Als daher der Sommer herzukam und mit ihm die concertfreien heitereren Tage, benützte er diese Zeit, um sich ferne von der Stadt einige Erholung zu gönnen.

So besuchte er Mittwochs den 15. Juni auf dessen Landgute Slough bei Windsor den berühmten Astronomen Friedrich Wilhelm Herschel, einen Hannoveraner, und besah dessen ungeheueres Spiegel-Teleskop von vierzig Fuss Länge und fünfthalb Fuss Durchmesser. Herschel hatte eben wieder Trabanten des Uranus entdeckt. Haydn schrieb in sein Tagebuch über Herschels Vorleben: 'Herschel war in seinen jüngeren Jahren in preussischen Diensten als Oboist. Er desertirte mit seinem Bruder, kam nach England, nährte sich viele Jahre mit der Musik, wurde Organist zu Bath und legte sich zugleich unablässig auf die Astronomie.' (Griesinger 38 und 39.

Etwa vierzehn Tage später zu setzen ist nach B. 21 und 24 die von Dies S. 133 und Griesinger S. 60 ohne alle Angabe der Zeit gelassene Erlangung der Doctorswürde durch Haydn an der Universität Oxford. Aus den oben bezeichneten Briefen nämlich erfahren wir, dass Haydn über den ganzen Vorgang bei dieser Promotion an Marianne Sonntags den 3. Juli einen ausführlichen Brief geschrieben und diesen einem nach Wien reisenden 'Compositor' Namens Diettenhofer mitgegeben habe. Der Brief ist aber nie an seine Adresse ge-

3 *

langt, da sein Besteller 'unterwegs gestorben oder sonst
ein Unglück muss gehabt haben.'

Die Veranlassung zur Reise nach Oxford sowohl,
wie zur seltenen Auszeichnung, die nicht einmal Hän-
deln trotz seines dreissigjährigen Aufenthaltes in England zu Theil geworden war, gab Haydns treuer Ver-
ehrer Dr. Charles Burney. Er beredete nicht nur unseren Meister, die erforderlichen Schritte zu thun, sondern reiste selbst mit ihm nach Oxford und setzte dort
durch überzeugende Gründe Alles in Bewegung, bis unserem Meister der Doctorhut in einer Versammlung im
Universitäts-Saale, oder, wie Griesinger will, im Dome
feierlich verliehen wurde. Haydn ward dabei mit einem
weissseidenen Mantel bekleidet, dessen Aermel von ro-
ther Seide waren. Der Hut selbst, ganz kleiner Form,
war von schwarzem Seidenstoffe. So angethan, musste
er sich auf dem Doctorstuhle niederlassen. Darnach begann Musik, bei welcher die weltberühmte Sängerin
Gertrude Elisabeth Mara aus Cassel, damals 42 Jahre
alt, ihre seltene Stimme vernehmen liess. Auch die
nicht minder bekannte Anna Selina Storace war im Orchester und winkte Haydn freundlich zu.

Hierauf ersuchte man den neuen Doctor, etwas von
seiner Composition vorzutragen. Worauf Haydn die Or-
gel bestieg, bevor er sich aber setzte, den Mantel an
der Brust mit beiden Händen ergriff und ihn emporho-
bend so laut und vernehmlich als er nur konnte hinab-
rief: 'I thank you!' Die Versammlung, diese einfache
Mimik verstehend, brach in Jubel aus und Haydn begann hierauf sein Spiel.

In seinen Gesprächen mit Dies hat Haydn über
den ganzen Vorgang Folgendes geäussert: 'Ich kam mir
in diesem Mantel recht possierlich vor, und was das

Schlimmste war, ich musste mich drei Tage lang auf den Gassen so maskirt sehen lassen. Jedoch hab ich dieser Doctorwürde in England viel, ja ich möchte sagen Alles zu verdanken; durch sie trat ich in die Bekanntschaft der ersten Männer und hatte Zutritt in den grössten Häusern.' Und aus seinem Tagebuche wohl führt Griesinger Haydns Aeusserung an: 'Ich hätte wohl gewünscht, dass mich meine Wiener Bekannten in diesem Aufzuge gesehen hätten!' und den so geschmückten Fremden werden wohl auch die Einheimischen, ihn vom Kopf bis zum Fusse betrachtend, wie es weiter heisst, mit den Worten begrüsst haben: 'You are a great man!' Griesinger S. 61.

Von den Oxforder Ehrenbezeigungen nach London zurückgekehrt, zog sich Haydn, Mitte Juli, nach Ruhe lechzend auf längere Zeit in die Stille des Landlebens zurück. Sonnabend den 17. September schreibt er nämlich Mariannen, B. 21, dass er 'seit zwei Monaten' selig sei, 'indem ich auf dem Lande, in einer der schönsten Gegenden, bei einem Banquier lebe, dessen Herz sammt der Familie dem von Genzingerischen Hause gleichet, und allwo ich wie in einer Clausur lebe. Ich bin dabei, Gott sei ewig gedankt, bis auf die gewöhnlichen rheumatischen Zustände gesund, arbeite fleissig und gedenke jeden Frühmorgen, wenn ich allein mit meiner englischen Grammaire in den Wald spaziere, an meinen Schöpfer, an meine Familie und an all meine hinterlassenen Freunde, worunter ich die Ihrige am höchsten schätze.'

Zu Anfang Octobers etwa wird Haydn nach der Stadt und zu den Vorbereitungen zurückgekehrt sein, die das Herannahen seiner zweiten Concertreihe ihm auferlegte. Donnerstags den 13. October wenigstens

schreibt er schon wieder aus London an Marianne, B. 22.
Er berichtet, dass er kurz vorher 5883 fl. nach Wien
geschickt habe, um davon 1000 fl. bei seinem Fürsten,
die übrigen bei dem Banquier-Hause Graf Fries und
Compagnie anzulegen. Zudem erfahren wir aus dem
Briefe, dass Haydn schon früher 450 fl. an seinen Fürsten zurückbezahlt habe und dass er Mariannen bitte,
'auf kurze Zeit seiner Frau 150 fl. vorzustrecken.' Aus
Allem dem lernt man, dass sich des Meisters pecuniäre
Lage bedeutend gebessert habe, dass er zudem in Kurzem auf neuen Erwerb hoffte, und dass somit das bös-
willige Gerede, welches in Wien seine Neider geschäftig trieben, nichts weniger als begründet war. Ein
Freund nämlich, Appellationsrath Ritter von Keess [1]),
in dessen Hause der Meister zuweilen Musiken veranstaltete, man sehe B. 10 und 27, wie Haydns Frau,
setzte ihn hierüber in Kenntniss, B. 22. Haydn aber
liess sich durch dieses Gerede nicht irre machen, sondern erwiderte: 'Ich war von Jugend auf dem Neide
ausgesetzt, wundere mich demnach nicht, wenn man auch
dermalen mein weniges Talent ganz zu unterdrücken
sucht; allein der Obere ist meine Stütze ... Seynd Euer
Gnaden versichert, dass wann ich den gehörigen Beyfall nicht erhalten hätte, ich schon längst nach Wien
zurückgereiset wäre. Ausser den Professoren bin ich
von Jedermann geschätzt und geliebt. Wegen der Belohnung soll Mozart zum Grafen von Fries, um sich
dessen zu erkundigen, gehen, bei welchem ich fünfhun-
dert Pfund und bei meinem Fürsten 1000 fl., zusammen

---

[1]) Der bekannte 'Musikfreund und Schätzer der Tonkünst-
ler.' Franz Bernhard Ritter von Keess, gestorben als Vice-Prä-
sident des niederösterreichischen Appellations-Gerichtes im Jahre
1795. Vergl. Jahns Mozart 3, 322 und 202.

beinahe 6000 fl. anlegte. Ich danke täglich meinem
Schöpfer für diese Wohlthat und ich schmeichle mir
noch ein paar Tausend nach Haus zu bringen, ohngeachtet ich grosse Ausgaben habe und ohngeachtet der
Reisekosten.' Dass diese Hoffnung auch in Erfüllung
ging, lehrt eine Aeusserung bei Dies S. 146, nach welcher Haydn durch seinen ersten Aufenthalt zu London
'baare zwölf Tausend Gulden gewonnen hatte.'

In dem erwähnten Briefe vom 13. October 1791
begegnet uns schon die Aeusserung: 'O wie oft wünsche
ich nur eine Viertelstunde mit Euer Gnaden am Clavier
zu sein und alsdann eine gute deutsche Suppe zu essen.
Allein Alles kann man auf dieser Welt nicht haben …
übrigens hoffe ich Euer Gnaden in Zeit von sechs Monaten zu sehen. Ich werde viele Dinge zu erzählen
haben.'

Die bösen 'Professoren' bereiteten auch wirklich
dem harmlosen Meister manche bittere Stunde, und
kaum rückte der Herbst heran mit seinem Concert-Ge-
triebe, so begannen auch wieder die taktischen Züge
und Gegenzüge der Professionalisten hier und der Verbindung Gallini-Salomon dort.

Diessmal aber ward der Angriff auf eine neue, bisher unversuchte Weise ins Werk zu setzen begonnen.
Die Thatsache, dass das Publicum entschiedene Vorliebe
für die Concerte Haydns zeigte, war nun einmal nicht
wegzuläugnen, es musste also ein Versuch gemacht werden, den Liebling jener Concertgruppe in diese zu
locken, denn den übrigen Kräften der Feinde glaubte
man sich gewachsen.

Man wählte also aus der Mitte der Professoren
einen Ausschuss von sechsen, der zu Haydn gehen und
ihn zum Uebertritte zu bewegen suchen sollte. Dabei

hatte man aber Haydns Treue und Gewissenhaftigkeit
viel zu gering angeschlagen, dadurch die Rechnung ohne
Wirth gemacht. Es erfolgte, was uns nicht befremden
wird, die entschiedenste Ablehnung, über welche Haydns
eigene Worte uns bewahrt sind, nämlich: 'er wolle dem
Gallini und Salomon nicht wortbrüchig werden, oder
ihnen durch eine schmutzige Gewinnsucht Schaden zu-
fügen. Da sie seinetwegen so viel unternommen und
so grosse Ausgaben bestritten hätten, glaube er, sei es
billig, ihnen auch den Gewinn zu vergönnen.' Dies 87.
Was das erste Mal misslang, konnte wiederversucht
gelingen. Der zweite Angriff wurde also gewagt und
durch den glänzenden Anbot verstärkt, die Gesandten
hätten 'Vollmacht, Haydn hundertfünfzig Guineen und
noch mehr über den Accord, der zwischen ihm und
Salomon existire, anzubieten.' Doch auch dieser Angriff
wurde abgewiesen, und nun schritt man zu noch ganz
anderen Mitteln.

Vorerst erschien ein Zeitungs-Artikel, welcher, wie
Haydn selbst erzählt, bei Dies 88, sich vernehmen liess,
'dass unser Meister schon zu schwach und unfähig sei,
Neues hervorzubringen;' 'dass er sich längst ausgeschrie-
ben habe und aus Geistesmangel gezwungen sei, sich
zu wiederholen. Man sei desswegen mit Haydns be-
rühmtem Schüler Pleyel in Verbindung getreten, der
bald nach London kommen und daselbst für das Concert der Musiker componiren werde.'

Ignaz Pleyel, ein Landsmann Haydns im engsten
Sinne des Wortes, war geboren zu Ruppersthal nächst
Weikersdorf im Kreise unterm Manhartsberge Nieder-
Oesterreichs, und zwar im Jahre 1757. Um 1770 kam
er nach Wien, und nahm zeitweise bei Haydn Unter-
richt in der Violine und Composition. Zur Zeit seiner

Berufung nach London, der er bald darnach Folge gab,
war er als Capellmeister am Münster zu Strassburg mit
einem auf damalige Zeit bedeutenden Gehalte von tausend Reichsthalern angestellt. Er zählte damals 34 Jahre,
war somit um volle 25 Jahre jünger als Haydn.

Die Ankunft Pleyels aber fällt erst in den Beginn
des nächstfolgenden Jahres, wenigstens erwähnt Haydn
in einem Briefe mit dem Datum des 17. Jänners 1792,
B. 25, dass die 'Professional-Versammlung' seinen Schüler Pleyel von Strassburg 'habe anher kommen lassen,'
was ihm ungemeine Anstrengung verursache. Er bemerkt ferner: 'Ich bin bemüssigt, mir alle erdenkliche
Mühe zu geben.'...'Ich schriebe zeitlebens nie in einem
Jahre nicht so viel, als im gegenwärtig verflossenen,
bin aber auch fast ganz erschöpft, und mir wird es
wohl thun, nach meiner Nachhausekunft ein wenig ausrasten zu können. Wenn Euer Gnaden sehet, wie ich
hier in London seccirt werde, in allen den Privat-Mu-
siken beizuwohnen, wobei ich sehr viel Zeit verliere,
und die Menge der Arbeit, so man mir aufbürdet, würden Sie, gnädige Frau, mit mir und über mich das
grösste Mitleid haben.' B. 25.

Haydn gönnte sich daher noch im Spätherbste des
Jahres 1791 manche Erholung, am liebsten ferne von
London auf dem Lande. Aber auch in der Stadt gab
es Manches noch zu besehen und kennen zu lernen.

So wohnte er, wie er in seinem Tagebuche, bei
Griesinger S. 37, erzählt, Sonnabend den 5. November
1791 dem Feste bei, welches die Stadt dem neu er-
nannten Lord-Mayor zu Ehren gab. Nach der Tafel
war Ball in drei Sälen. In einem derselben tanzte der
Adel Menuette, bei so schlechter Musik — 'das ganze
Orchester bestand nur aus zwei Violinen und einem

Violoncell und die Menuettes waren mehr polnisch, als
nach deutscher und italienischer Art' — dass Haydn
desshalb und der grossen Hitze wegen es da nur eine
Viertelstunde aushielt. Er ging also in den zweiten
Saal, 'welcher mehr einer unterirdischen Höhle glich.'
Daselbst 'wurde englisch getanzt und die Musik war
· besser, weil eine Trommel mitspielte, welche die schlechten Geiger deckte.' Im dritten, grössten Saale endlich
spielte ein zahlreicher besetztes Orchester. 'Hier hatten
sich aber die Männer an die Tische zum Zechen gela-
gert. Das wunderbarste war, dass der eine Theil hier
tanzte, ohne einen Ton von der Musik zu hören, weil
bald an diesem, bald an einem anderen Tische theils
Lieder gebrüllt, theils Gesundheiten unter dem tollsten
Aufschreien und Schwenkung des Glases: 'Hurrey, Hurrey, Hurrey!' gesoffen wurden.'

Gleich nach diesem Feste verliess unser Meister
London, um nicht ganz zwei Wochen lang (Haydn
selbst in B. 23 spricht weniger genau von vierzehn
Tagen) hundert Meilen von der Stadt entfernt, bei einem
Lord, dessen Namen er nicht nennt, der Stille des rei-
zenden englischen Landlebens zu geniessen. Hier reif-
ten wohl auch die beiden neuen Sinfonien, die er mit
demselben Briefe an Herrn von Keess schickte, mit dem
Auftrage, 'eine Probe zu halten, weil sie sehr delicat
sind, besonders das letzte Stück in D, in welchem das
allerkleinste Piano anempfehle und mit einem sehr ge-
schwinden Tempo.'

Dieser Ausflug sollte aber noch nicht der letzte
des Jahres sein. Gegen Ende Novembers nämlich, nachdem es in den Theater-Räumen wieder laut geworden
war, erfolgte noch eine Einladung von dem Prinzen
von Wales, dem nachmaligen Könige Georg IV., zu

dessen Bruder Friedrich Herzog von York, welcher Haydn begreiflicherweise Folge geben musste. Die Abreise hatte nicht vor Mittwoch den 23. November statt, denn an diesem Tage weilte Haydn noch zu London. Wir finden nämlich in des Meisters Tagebuche aufgezeichnet, bei Griesinger S. 45: '1791, 23. November war ich im Theatre of varietés amusantes in Saville-Row eingeladen. Es ist ein Marionetten - Theater. Die Figuren werden gut dirigirt. Die Sänger waren schlecht, das Orchester aber war ziemlich gut.' Diese Gattung von Opern waren damals sehr beliebt, und bekanntlich hatte Haydn selbst für das Theater zu Eszterház in den Jahren 1773 bis 1778 vier Marionetten - Opern schreiben müssen. Man sehe das Verzeichniss der Werke Haydns bei Dies S. 217. Für ihn war also diese Darstellung in mannigfacher Beziehung lehrreich.

Wahrscheinlich an demselben Abende besuchte er das Haymarket-Theater, wenigstens folgt die Aufzeichnung dieses Besuches im Tagebuche unmittelbar dem früher besprochenen ohne Angabe eines anderen Tages. Hier sang die Mara vor ihrer Abreise nach Italien in der englischen, schon 1762 componirten Oper Artaxerxes, einem Werke des Drs. Thomas Augustin Arne, nicht Arnd, wie Griesinger hat S. 45. Der Text war Uebersetzung von Metastasios Artaserse, durch Arne selbst geliefert. Die Oper, ganz in italienischem Style, ist das bedeutendste Werk Arnes. Man vergl. G. Hogarths Memoirs of the Opera. London, 1851. 8. 2, 46, wo sich mehr über die Oper findet. Haydn bemerkt über diese Vorstellung: 'Sie, die Mara, erhielt ... hundert Pfund und den ungestümsten Beifall. In Oxford wurde sie ausgeklatscht, weil sie bei dem Händelschen Chor 'Alleluja' nicht von ihrem Sitze aufstand.'

Auf Donnerstag den 24. November war also Haydn
zu Herzog Friedrich von York geladen, welcher acht-
zehn Meilen von London auf seinem Schlosse Oatlands
weilte [1]). Der Prinz war seit seinem ersten Lebensjahre
und zwar seit dem 26. Februar 1764 Fürst-Bischof von
Osnabrück, hatte sich aber vor zwei Monaten, in seinem 28. Lebensjahre vermält mit Friederike-Charlotte-
Ulrike-Katharine, einer Tochter des Königs Friedrich-
Wilhelms II. von Preussen. Haydn schreibt über sie
an Marianne, B. 24: 'Sie ist die liebenswürdigste Dame
von der Welt, besitzt sehr viel Verstand, spielt das
Clavier und singt sehr artig. Ich musste zwei Tage da
bleiben, weil sie den ersten Tag wegen einer kleinen
Unpässlichkeit zur Musik nicht kommen konnte. Sie
blieb aber am zweiten Tag von zehn Uhr Abends, allwo die Musik anfing, bis zwei Uhr nach Mitternacht
beständig. Es wurde nichts als Haydnische Musik gemacht. Ich dirigirte die Sinfonie. Die liebe Kleine sass
neben mir an der linken Hand und humste alle Stücke
auswendig mit, weil sie solche oft in Berlin hörte.' Be-
merkenswerth ist auch, was Haydn über den nachmaligen König Georg IV. ebenda anmerkt: 'Der Prinz von
Wales sass an meiner rechten Seite und spielte das
Violoncell so ziemlich gut mit. Ich musste auch singen.
Der Prinz von Wales lässt mich nun abmalen und das
Porträt wird in seinem Cabinet aufgemacht. Prinz von
Wales ist das schönste Mannsbild auf Gottes Erdboden,
liebt die Musik ausserordentlich, hat sehr viel Gefühl,
aber wenig Geld. Notabene unter uns. Mich vergnügt
aber mehr seine Güte, als das Interesse.'
    Sonnabend den 26. November 1791 reiste Haydn

---

[1]) Griesinger a. u. O. nennt das Schloss irrig Eatland.

wieder nach London zurück, und da er an diesem Tage
zu Oatlands keine Postpferde bekommen konnte, liess
ihn Herzog Friedrich zwei Posten weit mit seinem Zuge
führen.

In der zweiten Woche nach der Rückkunft erkrankte
Haydn sehr heftig an einem 'englischen Rheumatismus,'
wie er selbst sagt, B. 24, um dessen Stärke zu bezeichnen. Etwa acht Tage vorher, Sonnabend den 10.
December, besuchte er noch das Covent-Garden-Theater,
in welchem die damals beliebte, am 26. Februar dieses
Jahres zuerst gegebene komische Oper 'The Woodman'
gegeben wurde [1]). Ueber die Aufführung bemerkt Haydn
in seinem Tagebuche, bei Griesinger 39 f.: 'Es war an
dem Tage, an welchem der ärgerliche Lebenslauf der
Madame Billington angekündigt wurde [2]). Sie sang

---

[1]) Der Text derselben war von Henry Bate Dudley, die
Musik von William Shield, welcher seit 1778 für die Bühne
arbeitete. Von ihm sind auch 'The Flitch of Bacon,' Text ebenfalls von Dudley, 'Rosina' und 'Marianna,' zwei Schäfer-Opern,
Text von Mistress Brooke, 'The Farmer' und 'The Poor Sol-
dier,' Text von O'Keefe. Shield starb 1829. Man vergl. W. T.
Parkes Musical Memoirs. London, 1830. 8. 1, 136 und O. Hogarths, Memoirs of the Opera. London. 1851. 8. 2, 357. In L.
Fernbachs Theaterfreund. Berlin, 1830. 8. S. 137 finde ich auch
angeführt: 'Der Holzhauer oder die drei Wünsche. Oper. Berlin, 1772.' 8. und 'Der Holzhauer. Singspiel aus dem Französischen. Frankfurt, 1774. 8.' Ob und in welchem Zusammenhange
diese Opern zur gleichnamigen Shields stehen, weiss ich nicht
anzugeben. [2]) Er erschien unter dem Titel: 'Memoirs of Mrs.
Billington from this Birth London, 1792. 8. With a Portrait,
a small Oval by A. v. Assen.' Elisabeth Billington, geboren zu
London 1769, war die Tochter einer deutschen Sängerin Namens
Weichsel, deren Stimme Busby in seiner History of Music,'
übersetzt von Michaelis. Leipzig. 1822. 8. 2, 587 'rohrartig,
reedy,' jene der Tochter 'ausnehmend lieblich' nennt, diese selbst
aber 'eine bezaubernde Sängerin.'

diesen Abend etwas furchtsam, doch sehr gut. Der
Tenor hat eine gute Stimme und ziemlich gute Manier,
ausser dass er den Falset übertrieben gebraucht. Er
machte einen Triller im hohen C und ging bis in das G.
Der zweite Tenor will das Nämliche nachahmen, kann
aber die Naturstimme nicht an den Falset anhängen
und ist noch dazu sehr unmusikalisch. Er formirt sich
ein neues Tempo, bald zwei bald drei Viertel, macht
Abschnitte, wo es ihm einfällt. Das Orchester ist aber
sehr daran gewöhnt. Der Führer desselben ist Herr
Baumgärtner, ein Deutscher, der aber beinahe seine
Muttersprache vergessen.'
'Der gemeine Pöbel in den Gallerien ist durchaus
in allen Theatern sehr impertinent, und gibt mit Unge-
stüm den Ton an. Das Parterre und die Logen haben
manchmal viel zu klatschen, bis etwas Gutes repetirt
werden kann. Es war eben heute Abends der Fall mit
dem schönen Duett im dritten Act. Fast eine Viertelstunde ging mit pro und contra vorüber, bis endlich
das Parterre und die Logen den Sieg davontrugen und
das Duett repetirt wurde. Die beiden Acteurs standen
ganz ängstlich auf der Bühne. Das Orchester ist schläfrig.'
Doch auch noch manches Andere in London be-
hagte unserem Meister nicht sonderlich, und desshalb
äussert er in B. 24 unumwunden: 'Gnädige Frau, ich
möchte mich gerne ein wenig zanken mit Sie, da Sie
glauben, dass ich die Stadt London Wien vorziehe, und
mir der hiesige Aufenthalt angenehmer sein sollte, als
jener in meinem Vaterland. Ich hasse London nicht,
aber alle meine Tage da zuzubringen wäre ich nicht
im Stande, wenn ich Millionen zu verdienen wusste.'
Haydns Rheumatismus war diessmal wirklich so
stark, dass er 'bisweilen helllaut schreien musste.' 'Doch

hoffe ich,' heisst es weiter, 'denselben bald zu verlieren, weil ich mich, wie hier der Gebrauch ist, ganz von unten bis oben mit Flanell eingewickelt habe.' B. 24. Mittwoch den 14. December war unser Meister wieder so weit hergestellt, dass er eine Einladung zu einem gewissen Shaw annehmen konnte, bei welchem ihm ganz besondere Auszeichnung zu Theil ward, über die er selbst berichten mag: 'Er empfing mich unten am Thore und führte mich zu seiner Gattin, die mit ihren zwei Töchtern und mehreren Damen umgeben war.' Für Haydn war der mittlere Platz am Kamine vorbehalten. 'Da ich ringsum mein Compliment machte, wurde ich gewahr, dass alle Damen um den Kopf ein perlfarbenes Band trugen, worauf der Name Haydn sehr niedlich in Gold gestickt war. Herr Shaw hatte diesen Namen an den beiden Enden des Rockkragens von den feinsten Stahlperlen gestickt. Mistress Shaw ist das schönste Weib, so ich jemals gesehen. Ihr Gemahl verlangte ein Andenken von mir. Ich gab ihm eine Dose, die ich kurz zuvor um eine Guinee gekauft hatte. Er gab mir dafür die seinige. Als ich ihn einige Tage nachher besuchte, hatte er über meine Dose ein Futteral von Silber machen lassen, worauf oben eine Leier sehr schön eingegraben war und ringsum standen die Worte: 'Ex dono celeberrimi Josephi Haydn.' Die Mistress gab mir zum Andenken eine Stecknadel.' Das Band, welches sie an diesem Tage trug, bewahrte Haydn unter seinen besten Kostbarkeiten. Griesinger aus Haydns Tagebuche S. 44, und zu ergänzen aus Dies 125 und 126.

Unter solchen mannigfachen Aufregungen freudiger und auch herabstimmender Art war der Jahreswechsel herzugekommen, und Haydn mochte ihn diessmal nicht

ohne Beklommenheit begrüsst haben. Trat ja doch mit
ihm, wie oben schon angedeutet wurde, auch der vom
Lager des Feindes berufene Rivale auf den Kampfplatz.
Unser Meister hatte sich allerdings, wie wir hörten, auf
diese Zeit gehörig vorbereitet; dennoch lag schon in
der Wahl der Person des neuen Kämpfers für Haydn
etwas Demüthigendes, worüber er gewiss auch keinen
Augenblick im Zweifel war. War es doch der Schüler,
der hier dem Meister entgegengestellt wurde, und musste
es auch in anderer Hinsicht für diesen kränkend sein,
sich so gelohnt zu sehen.

Haydn aber liess sich trotzdem in seinem Streben
nicht irre machen, und trat unverdrossen ab und zu
mit Neuem vor das Publicum. Waren doch seine Eisen-
städter Vorarbeiten noch lange nicht erschöpft, das we-
nigste davon im Drucke erschienen, und von diesem
nur Einzelnes über den Canal gedrungen, zudem Alles
nicht etwa im Drange des Augenblickes und für diesen
nothdürftig zurecht gemacht, sondern in voller Ruhe und
Behaglichkeit zu Stande gekommen. Nichts desto weniger schuf unser Meister auch jetzt zu London beständig Neues und wie man weiss mit das Vorzüglichste,
was er überhaupt geschaffen. Unausgesetzt liess er sich
zudem auch von Wien her stets neuen Succurs nach-
kommen, und in London bisher unbekannte Stücke seiner Composition nachschicken. So ausser den in mehreren Briefen, 20, 21 und 27, erwähnten Sinfonien in
Es und E-moll, eine Fantasie à tré, B. 26 u. s. w. Er
bewies also durch die That am Schlagendsten, dass er
nicht so abgelebt und dürftig sei, als ihn seine Feinde
in Schmähartikeln darzustellen versuchten.

Zudem hatte man auch alles Erdenkliche ange-
wandt, um Pleyeln ins Garn zu locken, der, harmlos

wie er war, auch unschwer sich fangen liess. Wir werden aber bald sehen, wie die ganze Kabale gegen Haydn einen anderen Ausgang nahm, als von allen Seiten erwartet wurde.

Pleyel hielt sich Anfangs ziemlich zurückgezogen, und als eine üble Vorbedeutung mochte es auch ihm wie Anderen erschienen sein, als Sonnabends den 14. Jänner um zwei Uhr nach Mitternacht das erst im Jahre vorher ganz neu aufgebaute italienische Theater, Pantheon genannt, in welchem die Professional-Concerte gegeben wurden, gänzlich niederbrannte. Das Feuer war gelegt und man berechnete den verursachten Schaden auf mehr als hundert Tausend Pfund Sterling. B. 25.

Haydn aber betrachtete den Kampf, den er mit seinem Schüler zu beginnen eben im Begriffe stand, nur zu bald wie so vieles, was ihm im Leben feindlich entgegentrat, mit milderem Blicke, als mancher Andere je über sich vermocht hätte. Unterm 17. Jänner schon schrieb er an Marianne in halb scherzendem Tone darüber, B. 25: 'Es wird also einen blutigen harmonischen Krieg absetzen zwischen dem Meister und Schüler. Man fing gleich an in allen Zeitungen davon zu sprechen, allein mir scheint, es wird bald Allianz werden, weil mein Credit zu fest gebaut ist.'

'Pleyel kam mit einer Menge neuer Compositionen, die er schon lange vorher verfertigte, anhero an,' schreibt Haydn am 2. März nachträglich an Marianne, B. 27. Er versprach demnach alle Abende ein neues Stück zu geben. Da ich dann diess sahe und leicht einsehen konnte, dass der ganze Haufe wider mich ist, liess ich es auch publiciren, dass ich ebenfalls zwölf neue verschiedene Stücke geben werde. Um also Wort zu halten, und um den armen Salomon zu unterstützen, muss

ich das Sacrifice sein und stets arbeiten. Ich fühle es
aber auch in der That. Meine Augen leiden am meisten und habe viele schlaflose Nächte. Mit der Hilfe
Gottes werde ich Alles überwinden!"

Auch Pleyel ward über sein Verhältniss zu Haydn,
das durch Zwischenträgereien und Aufhetzungen Anfangs getrübt wurde, bald klar, und benahm sich dann
so gegen seinen Meister, dass dieser in seinen Briefen
an Marianne, B. 25, schon kurz nach Pleyels Auftreten, welches nach einer Notiz in Haydns Tagebuche,
bei Griesinger S. 40, wie es scheint, Montags den
2. Februar statt hatte, folgendermassen äussert: 'Pleyel
zeigte sich bei seiner Ankunft gegen mich so bescheiden, dass er neuerdings meine Liebe gewann. Wir sind
sehr oft beisammen und das macht ihm Ehre, und er
weiss seinen Vater zu schätzen. Wir werden unsern
Ruhm gleich theilen und jeder vergnügt nach Hause
gehen.'

So kam es auch und so musst es kommen bei so
edlen Naturen, denen die Sache mehr gilt als die Person, und sei es auch ihre eigene. Hören wir, wie der
Meister selbst über den weiteren Verlauf dieses Wett-
kampfes an die Freundin schreibt, B. 27: 'Die Herren
Professionisten suchten mir eine Brille auf die Nase zu
setzen, weil ich nicht zu ihrem Concerte überging.
Allein das Publicum ist gerecht. Ich erhielt voriges
Jahr grossen Beifall, gegenwärtig aber noch mehr. Man
kritisirt sehr Pleyel's Kühnheit. Unterdessen lieb ich
ihn dennoch. Ich bin jederzeit in seinem Concerte, und
bin der erste, so ihm applaudirt.'

So ward der Kampf zwischen Meister und Schüler
auf die schönste Weise und zur Ehre beider zu Ende
gebracht. Das Publicum aber konnte mit dem Ergeb-

nisse des Wettstreites in jedem Falle nur zufrieden
sein, denn es hatte beide Künstler in ihren besten Lei-
stungen kennen gelernt.

Freitags den 24. Februar producirte Haydn eine
neue, seiner Freundin gewidmete Sinfonie versuchsweise,
denn er hatte noch die Absicht, Manches in ihr zu än-
dern. Er schrieb desshalb am 2. März an Marianne,
B. 27: er könne die Sinfonie ihr noch nicht senden,
und zwar aus folgenden Gründen: 'Erstens weil ich
Willens bin, das letzte Stück von derselben abzuändern
und zu verschönern, da solches in Rücksicht der ersten
Stücke zu schwach ist. Ich wurde dessen sowohl von
mir selbst, als auch von dem Publico überzeugt, da ich
dieselbe vergangenen Freitag zum ersten Male producirte. Sie machte aber ungeachtet dessen den tiefsten
Eindruck auf die Hörer. Die zweite Ursache ist, weil
ich in der That befürchte, dass dieselbe möchte Gefahr
laufen, in fremde Hände zu kommen.'

Bei dieser Aufführung, wenn nicht bei einer früheren, war es, als sich folgender Zufall ereignete, der
leicht einen sehr traurigen Ausgang hätte nehmen können. Seite 93 erzählt Dies aus Haydns eigener Mittheilung den Vorgang ohne Angabe des Tages, aber
entschieden als ins zweite Jahr zu setzen, den That-
sachen nach auf folgende Weise.

Haydn erschien im Orchester und setzte sich wie
gewöhnlich ans Clavier, um die Sinfonie zu dirigiren.
Da verliess eine Anzahl Neugieriger des Parterres ihre
Sitze, und drängte sich in die Nähe des Orchesters,
um Haydn besser betrachten zu können. Dadurch wurden die Sitze in der Mitte des Parterres zum Glücke
leer, denn kaum war diess geschehen, als der grosse
Kronleuchter herabstürzte und so nur einigen zunächst

4 *

Sitzenden unbedeutende Quetschungen beibrachte. Die glücklich Geretteten brachen nun unwillkürlich in den Ruf aus: 'Mirakel! Mirakel!' und Haydn dankte gerührt seinem Schöpfer, dass er ihn die Veranlassung sein liess, dreissig Menschen wenigstens das Leben zu retten. Minder erfreulich war ein zweites Ereigniss, das unser Meister bei einer anderen Aufführung eines seiner Stücke erlebte. Montags, nämlich den 26. März 1792, war zu London ein Privat-Concert bei einem Hrn. Barthelemon, über welches Haydn in seinem Tagebuche Folgendes angemerkt hat. Bei diesem 'war auch ein englischer Prediger, der, als er mein Andante in G hörte, in die tiefste Melancholie versank, weil ihm des Nachts zuvor von so einem Andante geträumt hatte, dass es ihm seinen Tod ankündigte. Er verliess augenblicklich die Gesellschaft, ging zu Bette und heute, den 25. April, erfuhr ich durch Herrn Barthelemon, dass dieser evangelische Geistliche gestorben sei. Griesinger 45.

Mit dem Herannahen der schöneren Jahreszeit und der immer seltener werdenden Concerte dachte auch Haydn allmälig an die Heimreise. Schon am 2. März schreibt er an Marianne: 'Die Zeit naht heran, meinen Koffer zu repariren. O wie froh werde ich sein, Euer Gnaden wieder zu sehen!' B. 27; und Dinstags den 24. April in seinem letzten Briefe aus London wirft er noch mit gerechter Befriedigung einen Rückblick auf sein Wirken zu London und äussert: 'Ohngeachtet der grossen Opposition und Musikfeinde, so wider mich sind, und sich besonders mit meinem Schüler Pleyel diesen Winter alle Mühe gaben, mich herabzusetzen, erhielt ich, Gott Lob, die Oberhand. Ich muss aber bekennen, dass ich wegen so vieler Arbeit ganz ermüdet und er-

schöpft bin, und sehe mit heissem Wunsch meiner Ruhe
entgegen.' B. 28.

In demselben Briefe spricht Haydn noch von einem
'kleinen Stücke Chor, als die erste Probe in englischer
Sprache, mit dem er sich vielen Credit in der Singmusik
bei denen Engländern erworben habe.' 'Nur Schade,
dass ich nicht mehr dergleichen Stücke während meines Hierseins habe verfertigen können, indem man in
unserm Concerttage keine Singerknaben haben konnte,
zumahlen dieselben schon ein Jahr zuvor in anderwärtigen Akademien, deren sehr viele sind, engagirt waren.'
Der Ruf dieses Stückes war sogar bis Wien gedrungen
und Marianne hatte ihm darüber am 5. April geschrieben.

Haydn hoffte damals zu Ende Juli in Wien zu
sein, und hatte die Absicht, wenn ihn nicht etwa sein
Fürst zur Krönung Kaiser Franz II., also zum 5. Juli,
nach Frankfurt am Main berufe, über Holland nach
Berlin zum König von Preussen, Friedrich Wilhelm II.,
zu gehen, und von da seinen Rückweg über Leipzig,
Dresden und Prag zu nehmen. Einen früheren Plan,
über Paris nach Hause zu reisen, hatte er zum Theil
auf Anrathen Mariannens aufgegeben.

Den Tag der Abreise Haydns von London weiss
ich dermal nicht anzugeben. So viel ist aber durch
unsere Briefe erweislich, dass er in den ersten Tagen
des August schon in Wien war. Der Brief Nr. 29 der
Beilagen ist: 'Von Haus den 4. August 1792' datirt,
und die darin erwähnte Einladung des Ritters von
Keess wird wohl ein paar Tage vorher statt gehabt
haben.

Haydns erste Londoner Reise wirkte in jeder Beziehung wohlthätig ein auf dessen ferneres Leben. Sie
verschaffte ihm nicht nur die längst verdiente Anerken-

nung, sondern legte auch den Grund zur behäbigeren und sorgenfreieren Lage seiner alten Tage. Er hatte durch sie allein nicht weniger als zwölf Tausend Gulden verdient. Er selbst wiederholte es oft, dass er in Deutschland erst von England her berühmt geworden sei, und dass seine Noth erst mit dem sechzigsten Lebensjahre, also mit der ersten Londoner Reise, ein Ende genommen habe. Griesinger S. 62 zu vergleichen mit Dies S. 68.

Beilagen.

Hochgeehrtester Herr v. Hayden!

Mit Dero gütigen Erlaubnüs nehme ich mir die
freyheit, Ihnen einen Clavier ausszug des schönnen Andante Ihrer mir so schätzbaren Composition zu übermachen. Solchen auszug habe ich ganz allein aus der
Spart ohne Mindester beyhilf meines Meister gemacht,
bitte die güte zu haben, wen sie etwas daran auszu-
stellen finden, solches zu corigiren. Ich verhoffe, Sie
werden Sich in besten wohlstand befinden und wünschte
nichts sehnlicher als Sie bald in wien zu sehen, um
Ihnen immer mehr meiner Hochachtung, welche ich für
Sie Hege, überzeugen zu können. Ich gebleibe mit
wahrer Freindschaft

Mein gemahl, kinder	Dero ergebneste Dienerin
empfehlen sich Ihnen	Maria Anna Edle v. Gennzinger
gleichfals schenstens.	geborne Edle v. Kayser.

Wien 10. Juny 1789.

Hoch, und Wohl gebohrne
Gnädige Frau!

Unter all meinem bisherigen Briefwechsel ware die
Ueberraschung, eine So schöne Handschrift mit So gütigen Ausdrücken durch zu lesen, für mich die allerangenehmste; noch mehr aber Bewunderte ich das ein-
geschückte — treflich übersezte Adagio, welches Ihrer
Richtigkeit wegen jeder Verleger unter die Presse legen kan. nur möchte ich wissen, ob Ihro gnaden dieses Adagio aus der Partitur, oder ob sich Ihro gnaden
die erstaunende mühe gaben, Es vorhero in die Partitur zu setzen, und alsdan erst für das Clavier übersetzt
haben, denn wan lezteres, so ist diese Attention für
mich zu schmeichelhaft, welches ich in wahrheit nie
verdiene:

Allerbeste — giltigste Frau v. Gennsinger! ich erwarte einen Fingerzeig, wie auf was arth ich im stande
seyn kan Euer gnaden gefällig zu werden: Sende unterdessen das Adagio zurück, und Hofe v. Euer gnaden
in Rücksicht meiner wenigen Talenten ganz sicher
einige Befehle, und bin mit ausnehmender, und vorzüglichster Hochachtung

Euer gnaden

N. S. an Hoch Dero Herrn   ganz gehorsamster Diener
Gemahl bitte mein gehor-   Josephus Haydn m. p.
samstes Compliment zu
vermelden.

Estoras den 14. Juny 1789.

Wien den 29. October 1789.

Hochgeehrtester Herr v. Hayden!

Ich verhoffe, Sie werden meinen Brief von 15. September sammt dem 1. Stukh der Sinfonie (wovon ich Ihnen das Andante schon vor einigen Monathen überschiket) Richtig erhalten haben, und nun folget auch das lezte Stükh davon, welches ich so gut als ich es im Stande ware, auf das Clavier gebracht, wünsche nur, das es Ihnen angenehm und bitte schenstens, im fahle ich etwas daran verfehlet, solches nach dero gelegenheit zu corigiren, welches Ich von Ihnen, Schätzbarster Herr v. Haydn, mit gröstem Dankh jederzeit annehmen werde. Bitte schenstens nur die Güte zu haben und mir zu errinnern, ob Sie meinen Brief vom 15. September samt den Stukh erhalten haben, und ob es nach Dero Geschmakh ist, welches mich sehr erfreyen würde, dan ich bin sehr unruhig und besorgt, ob sie solches Richtig Empfangen haben, oder es Ihnen villeicht nicht unangenehm ware. Ich verhoffe Dero bestes wohlsein, welches zu vernehmen mich auserordenthlich erfreyen wird, Empfelle mich Dero fernerer freundschaft und andenkhen, gebleibent

Dero ergebenste Freundin und Dienerin

Mein Gemahl meldet　　Maria Anna Edle v. Gennzinger
gleichfals seinen Re-　　　　geborne Edle v. Kayser.
spect.

Hoch und Wohl gebohrne
Gnädige Frau!

Millionmahl Bitte ich Euer Gnaden um Vergebung,
dass ich So spät die So mühesame, als trefliche arbeith
zurücksende, bey meiner lezten Säuberung meines quartiers, so gleich nach Empfang des Ersteren Stückes sich
ereignete, wurde dasselbe unter so vielen Musicalien
durch meinen Copisten verlegt, und erst dieser Tagen
hatte ich das glück, es in einer alten opera Partitur
zu finden.

Theuerste! allerbeste Frau v. Gennzinger! seynd
Sie auf einen Mann nicht böse, der Sie über alles Hoch-
schäzt, ich wäre untröstlich, wenn ich durch diese Ver-
säumniss nur in etwas die gnade (auf welche ich so
stolz bin) verlohren hätte.

Diese zwey Stück sind eben so fleissig, als die
Erstere übersezt. bewundere nur die mühe, und geduld, so Euer Gnaden in ansehung meiner wenigen
Talenten anwenden, Versichere hingegen, dass mich in
meiner öfteren üblen laune nichts so sehr aufmuntert,
als das schmeichelhafte bewust seyn in Euer Gnaden
gütigen Errinnerung zu stehen, für welche gnade ich
tausendmahl die Hände küsse, und in wahrer Ehrfurcht
stets verbleibe

Euer Gnaden

ganz gehorsamster Diener
Joseph Haydn m. p.

Estoras den 7. November 1789.

P. S. Mein gehorsamsten Respect an Hoch Dero
Hrn. gemahl und gesamte Familie.

bald werd ich die gnade haben, selbst meine auf-
wartung zu machen.

Wien den 12. November 1789.

Hochgeehrtester Herr v. Hayden!

Ich bin nicht im Stande das vergnügen sattsam
auszutrüken, welches ich bey durchlesung dero mir so
schätzbaren schreibens von 9. fühlte, wie sehr bin ich
für meine Mühe belohnt, da ich dero zufridenheit darüber sehe, wolte nichts sehnlicher wüntschen als mehrere Zeit (vermög meiner viellen Hausgeschäften) zu
haben, so würde ich gewis vielle Stunden der Musik
widmen, welches meine Liebste, angenehmste beschäftigung were. Nehmen sie, werthester Herr v. Haydn,
nicht ungütig, dass ich Sie wiederum mit meinen schreiben belästige (dan ich diese gute Gelegenheit nicht
wolte vorbey gehn lassen, ohne Ihnen den Richtigen
Empfang dero Briefes zu bestättigen), mit gröster sehnsucht sehe ich dem angenehmen Tag entgegen, sie hier
in Wien zu sehen. Empfelle mich fernerhin Ihrer Freundschaft und andenkhen und gebleibe unverändert

Dero aufrichtigst Ergebenste
Freundin und Dienerin.

Mein Gemahl und Kinder Empfellen sich gleichfals schenstens. Der überbringer dieses ist ein hiesiger
jubilier, er nennet sich Siebert, ein rechtschafener Mann.

Estoras den 18. November 1789.

● Hoch, und Wohl gebohrne

Gnädige Frau!

Das schreiben, so ich durch Herrn Jubilier Siebert erhalten habe, gabe mir den abermahligen beweiss
Ihres vortreflichen Hertzens, indem sich Euer Gnaden
in denselben, stat eines Verweis über meinen lezt be-
gangenen fehler, mit So viel Freundschaft gegen mich
Eusserten, dass mich dieselbe, nebst So vieler nachsicht, güte — und besonderer aufmerksamkeit ganz in
Erstaunung gesezt hat, wofür ich aber Euer gnaden
1000mahl die Hände küsse. Solten meine wenige Talenten im stande seyn So viel schmeichelhaftes nur in
etwas zu erwiederen, so Erdreiste mich Euer gnaden
mit einen kleinen Musicalischen Kräuter Topf aufzu-
warten, ich finde zwar in diesen Pot-Pourri nicht gar
vil wohlriechendes, vielleicht ersezt der unternehmer
diesen Fehler in nachfolgenden Ausgaben. Solte etwa
die darin übersezte Sinfonie ein werk von Euer Gnaden
seyn, O So bin ich dem Verleger nochmals So gut,
wo nicht, so wage ich es, Euer Gnaden zu bitten, eine
von Euer Gnaden eigener Hand übersetzte Sinfonie
nach belieben abschreiben zu lassen, und mir anhero
zu schicken, welche ich alsogleich dem Hrn. Verleger
nach Leipzig zum abdruck überliefern werde.
    Ich bin glücklich, eine gelegenheit getrofen zu
haben, welche mich wider ein Baar schöne Handzeillen

hofen läst. indessen bin ich mit vorzüglichster Hochachtung zeit lebens

Euer Gnaden

Mein Ergebensten Respect
an Hrn. Gemahl, und ge-
samte Familie.

ganz gehorsamst, aufrich-
tigster Freund, und Diener
Josephus Haydn m. p.

Allerbeste Frau v. Gennzinger!

Berichte Euer Gnaden, wie dass zu der, an künftigen Freytag zwischen uns verabgeredten kleinen quartetten Music alle anstalten getrofen sind. Herr v. Häring schäzte sich glücklich mir dissfals dienen zu könen, um so viel mehr, da ich Demselben die aufmercksamkeit, und all die übrige schöne Verdienste von Euer Gnaden abschilderte.

nun wünsche ich mir nichts als einen kleinen beyfall. Vergessen aber Euer Gnaden ja nicht den Pater Professor einzuladen!

unterdessen küsse ich die Hände, und bin mit vorzüglichster Hochschätzung

Euer Gnaden

ganz gehorsamster aufrichtigster Diener
Josephus Haydn m. p.

Von Hauss den 23. Jenner 1790.

Madame
Madame de Gennzinger
Noble de Kayser
a
Son Logis.

Edle — allerbeste Frau v. Gennzinger!

So schmeichelhaft mir die gestrige allerlezte Einladung zu Ihro Gnaden auf Heute abends war, eben So schmerzlich fülle ich Heute das bewust seyn, meinen gehorsamsten Danck für alle Empfangene Gnaden, nicht mehr abstatten zu könen, und — So sehr ich diss bedaure, So sehnlichst wünsche ich Euer Gnaden von Herzen, nicht allein Heute abends sondern immer und Ewig die allerangenehmste unterhaltungen: die Meinigen sind vorüber — morgen khere ich wider zur traurigen Einsamkeit! Gott gebe mir nur die gesundheit, ich befürchte aber das gegentheil, dan Heute befinde ich mich gar nicht gut: Gott erhalte nur Euer gnaden — Ihren lieben Herrn Gemahl, und All — Ihre schönen Kinder: ich küsse nochmahl die Hände und bin unverändert zeit lebens

Euer Gnaden

gehorsamster Diener
Joseph Haydn m. p.

Von Hauss den 3. Februar 1790.

Billetform.

Madame
Madame Noble de
Gennzinger Noble de
Kayser

a

Son Logis.

Wohl Edl Gebohrne
Sonders Hochschäzbarste — Allerbeste Frau v.
Gennzinger!

Nun — da siz ich in meiner Einöde — verlassen
— wie ein armer waiss — fast ohne menschlicher Gesellschaft — Traurig — voll der Errinerung vergangener Edlen Täge — ja leyder Vergangen — und wer
weis, wan diese angenehme Täge wider komen werden?
diese schöne Gesellschaften? wo ein ganzer Kreiss Ein
Herz, Eine Seele ist — alle diese schöne Musicalische
Abende — welche sich nur denken, und nicht beschreiben lassen — wo sind alle diese begeisterungen? — —
weg sind Sie — und auf lange sind Sie weg. wun-
dern sich Euer Gnaden nicht, dass ich so lange von
meiner Danksagung nichts geschrieben habe! ich fande
zu Hauss alles verwürt, 3 Tag wust ich nicht, ob ich
CapellMeister oder CapellDiener war, nichts konte mich
Trösten, mein ganzes quartier war in unordnung, mein
Forte piano, das ich sonst liebte, war unbeständig, ungehorsam, es reitzte mich mehr zum ärgern, als zur
beruhigung, ich konte wenig schlafen, sogar die Traume
verfolgten mich, dan, da ich am besten die Opera le
Nozze di Figaro zu hören Traumte; wegte mich der
Fatale Nordwind auf, und blies mir fast die schlafhau-
ben von Kopf; ich wurde in 3 Tagen um 20 Pfd. mägerer, dann die guten wienner bisserl verlohren sich
schon unterwegs, ja ja, dacht ich bey mir selbst, als
ich in meinem Kost Hauss stat dem kostbahren Rindfleisch, ein stuck von einer 50 Jährigen Kuhe, stat dem
Ragou mit kleinen Knöderln, einen alten schöpsen mit
gelben Murken, stat dem böhmischen Fason, ein leder-

nes Rostbrätl, stat den so guten und delicaten Pomeranzen, einen Dschabl oder so genanten Gross Sallat, stat der backcrey, düre Äpfl spältl und Haslnuss — und so weiter speisen muste, — ja ja dacht ich bei mir selbst, hätte ich jezo manches bisserl, was ich in wienn nicht habe verzöhren können — Hier in Estoras fragt mich niemand, schafen Sie Cioccolate — mit, oder ohne milch, befehlen Sie Caffe, schwarz, oder mit Obers, mit was kan ich Sie bedienen, bester Haydn, wollen Sie Gefrornes mit Vanillie oder mit Ananas? hätte ich jez nur ein stuck guten Parmesan Käss, besonders in der Fasten, um die schwarzen Nocken und Nudln leichter hinab zu tauchen; ich gabe eben heute unserm Portier Commission, mir ein baar Pfund herabzuschüken:

Verzeihen Sie, allerbeste gnädige Frau, dass ich Ihnen das allererstemahl mit so ungereimtem gezeug, und der Elenden schmirerey die Zeit abstehle, verzeihen Sie es einem Mann, welchem die wienner zu viel gutes erwiesen haben, ich fange aber schon an, mich nach und nach an das ländliche zugewöhnen, gestern Studirte ich zum Erstenmahl, und So zimlich Haydnisch.

Euer Gnaden werden gewies fleissiger als ich gewesen seyn. Das gefällige Adagio aus dem quartet wird hofentlich schon den wahren ausdruck durch Dero schöne Finger erreicht haben. Meine gute Freyle Peperl[1]) wird sich (hofe ich) durch öfteres absingen der Cantate auch des Meisters Errineren, besonders bey Reiner aussprach, und genauer Vocalisirung, dan es wäre ein Sinde, wenn eine so schöne stime in der brust versteckt bliebe, ich bitte Derohalben um ein öfteres lächlen, sonst geht mir ganz gewis etwas vor. Den Mons. Francois[2]) Empfehle

---

[1]) Josepha und   [2]) Franz die ältesten Kinder Mariannens. Siehe oben S. 51.

ich mich ebenfals in sein Musicalisches Talent, wan Er auch in schlaf Röckl singt, es geht doch immer gut, ich werde zur aufmunterung öfters etwas neues übermachen. unterdessen küsse ich nochmal die Hände für alle mir erwiesene Gnaden, und bin mit vorzüglichster Hochachtung zeit lebens

Euer Gnaden

ganz gehorsamster aufrichtigster Diener
Josephus Haydn m. p.

Estoras den 9. Febry 1790.

N. S. bitte meinen gehorsamsten Respect an Hoch Dero Herrn Gemahl und mein Compliment dem Mons. N. Hofmeister des Jungen Herrn. und an die Freyle Nanette und gesamte v. Hackerische Familie.

Estoras den 14. Mertz 1790.

Hoch, und wohl gebohrne
Hochschätzbahrste Allerbeste Frau v. Gennzinger!

Ich bitte Euer Gnaden Millionen mahl um vergebung, dass ich über die, mir So angenehme 2 brife so
späte andworth gebe. es ist nicht nachlässigkeit (für welche
Sünde mich der Himmel zeit lebens bewahren wird)
sondern die viele Geschäften, welche ich für meinen
gnädigsten Fürsten in Seiner gegenwärtigen traurigen
lange anwenden muste, schuld daran; der dodtfall Seiner verstorbenen gemahlin drükte den Fürsten dergestalt darnieder, dass wür alle unsere Kräften anspanen
musten, Hochdenselben aus dieser schwermuth herauszureissen, ich veranstaltete demnach die Ersteren 3 Tage,
abends grosse Camer Music, aber ohne gesang, Der
arme Fürst verfiel aber bey anhörung der Ersten Music
über mein Favorit Adagio in D in eine so tiefe Melan-
coley, dass ich zu thun hatte, Ihm dieselbe durch andere Stücke wider zu benehmen.

wür spielten schon den 4. Tag opera, den 5. Co-
medie, und endlich wie gewöhnlich die täglichen Spec-
tacul, beorderte zugleich die alte opera l'amor Artigiano
v. gasman einzustudiren, weil sich der Herr kurz vorhero geEussert hat, Sie gerne zu sehen, ich machte dazu 3 neue Arien, welche ich Euer Gnaden mit nächsten übermachen werde, nicht der schönheit wegen, sondern Euer Gnaden meines Fleisses zu überzeugen: die
versprochene neue Sinfonie werden Ihro Gnaden in Mo-
nath Aprill auf solche arth überkommen, dass dieseleb
noch bey der Keesischen Music kan producirt werden.

unterdessen küsse ich Euer Gnaden gehorsamst die

Hände für das überschickte Zwiback, welches ich zwar
erst verflossenen Dienstag erhalten habe, es kam aber
eben zur zeit an, als ich den lezten bissen des vorigen
verzehrte. dass Meine Liebe Arianna [1]) in schottenhof
beyfall find, ist für mich entzückend, nur Reccomendire
ich der freyle Peperl die worte, besonders jene chi
tanto amai, gut auszusprechen. ich erdreiste mich zugleich Hochderselben zu Ihren herannahenden Nahmens-
tag all erdenkliches anzuwünschen mit bitte, mich in
Ihrer Gnade zu erhalten und mich bei jeder Gelegenheit als Ihren unwürdigen Meister anzunehmen. Ich
nehme mir zugleich die freyheit zu schreiben, dass der
sprachmeister täglich anhero kommen kan, die fuhr
wird Ihm allhier bezahlt werden, Er kan entweder mit
der Diligence, oder mit einer andern gelegenheit, welche
in Madschakerhof [2]) täglich zu erfragen sind, herab kommen.

Die schachtl von dem zwiback werd ich Euer gnaden bey erster gelegenheit übermachen.

weil ich überzeugt, dass Euer Gnaden über alles,
was mich immer betrift, antheil nehmen (ein welches
ich zwar nicht verdiene), so berichte ich Euer gnaden,
dass ich die vorige woche, von Fürst Oetting v. Wal-
lenstein eine ganz niedliche, 34 Ducaten schwere, goldene Tabattier zum Geschenk erhalten habe, nebst einer
Einladung, dass ich gegenwärtiges Jahr auf Seine unkösten zu Ihm kommen möchte, indem hochderselbe ein
so grosses Verlangen trage, mich Persöhnlich zu kennen (angenehme aufmunterung für meinen schwachen
Geist). ob ich mich aber zu dieser Reise werde Resol-
viren können, ist eine andere frage?

----

[1]) Haydns Cantate Ariadne ist gemeint, geschrieben für
eine Sopranstimme mit Begleitung des Claviers. Handschriftlich
und gedruckt vorhanden an der k. k. Hofbibliothek.   [2]) Ein
Gasthof Wiens.

nun bitte ich, mir diss eilfertige schreiben zu ver-
zeiken, und bin mit all — ersinnlicher Hochachtung
zeit lebens

Euer gnaden

aufrichtigst und gehorsam-
ster Diener
Josephus Haydn m. p.

N. S. mein gehorsamstes
Compliment den Hochdero Hrn.
Gemahl — gesamte angehörige
und an die v. Hackerische Familie.

Ich hab mein getreuen Ehrlichen
Kutscher verlohren, so den 25.
vorigen Monathes mit dodt ab-
gegangen.

Estoras den 13. May 1790.

Hoch und wohlgebohrne
Gnädige und
Allerbeste Frau v. Gennzinger!

Mit Erstaunen Durchlase ich Hoch Dero werthe
zuschrift, als ich aus derselben Vernahme, dass Euer
Gnaden mein leztes schreiben nicht erhalten haben, in
welchem ich mich Eusserte, dass unser würth einen
fremden von ohngefähr nach Estoras komenden fränzö-
sischen sprachMeister aufgenohmen, worüber ich zugleich
sowohl bey Euer Gnaden, als auch bey Dero Herrn
Hofmeister meine entschuldigungen abstattete: Hochschäzbahrste Gönnerin, es ist nicht das erstemahl, dass
einige meiner Briefe, wie auch von mehrer andern sind
verlohren gegangen, indem unser brief Tasche unterwegs zu Oedenburg (um die Postbriefe bey zu legen)
durch den dortigen Hauss Meister allzeit Eröfnet wird,
wodurch unrichtigkeiten, und andere unangenehme zu-
fälle sich schon öfters ereugnet haben: um aber künftighin sicherer zu seyn, und um solcher unverschämter
Neugirde auszuweichen, werde ich fernerhin über alle
meine briefe ein Extra Copert an Hrn. Portier Pointner
machen; dieser streich kränket mich um so viel mehr,
da Euer gnaden mir einer saumseligkeit wegen einige
Vorwürfe machen könten, für welche mich der Himmel
bewahren soll, ansonsten aber hat der, oder die neugierige in den lezten, so wie in allen übrigen schreiben
nichts anders als rechtschafenheit erhaschen könen:
Nun aber Hochschäzbarste Gönerin, wan werd ich das
unschäzbahre glück haben, Euer gnaden in Estoras zu
sehen! da es meine geschäfte nicht erlauben, nach wienn

zu komen, so getröste ich mich, Euer gnaden diesen
Somer ganz gewis die Hände zu küssen, in dieser
schmeichelhaften Hofnung bin ich unterdessen in voll-
komenster Hochachtung

Euer Gnaden

Mein Ergebensten Respect
an Hoch Dero Hrn. Ge-
mahl und gesamte Fa-
millie.

ganz gehorsamster
aufrichtigster Diener
Josephus Haydn m. p.

Estoras den 30. May 1790.

Hoch, und wohlgebohrne
Hochschäzbahrste — allerbeste Frau v. Gennzinger!

Als ich von Euer gnaden das letzte So schäzbahre
schreiben erhielt, ware ich eben in Oedenburg, um mich
des verlohrnen briefes wegen zu erkundigen: der dor-
tige Hauss Meister schwure aber bey allen was heillig
ist, dass Er dazumahl keinen Brief von meiner Handschrift gesehen hatte, folglich dieser brief in Estoras
muste seyn verlohren gegangen! es seye nun, wie es
immer wolle, so hat diese neugirde weder mir, viel weniger Euer gnaden den mindesten Vorwurf zu machen,
indem der ganze Inhalt desselben theils meine Opera
In vera Costanza, so auf der landstrass in neuen Theater aufgeführt wurde, theils den französischen sprach
Meister, so dazumahl nach Estoras hätte komen sollen,
betrofen hat, Euer gnaden könen derohalben nicht allein
für das verflossene, sondern auch in Hinkunft ganz ohne
Sorgen seyn, dan meine freundschaft, und Hochschätzung
gegen Euer Gnaden (So zärtlich dieselbe ist) wird nieh-
mals strafbahr werden, weil ich stets die Ehrfurcht
über die erhabensten Tugenden Euer gnaden vor augen
habe, welche nicht nur ich, sondern alle menschen, So
Euer gnaden kennen, bewundern müssen: lassen sich
demnach Ihro Gnaden nicht abschröcken, mich zu zeiten mit dero So angenehmen Brifwechsel zu trösten, indem mir dieser zur aufmunterung in meiner Einöde,
meines ofteren sehr tief gekränkten Hertzens Höchst
Nothwendig ist; o könt ich nur eine Viertl stund bey
Ihro Gnaden seyn, um meine widerwertigkeiten auszu-
schütten, und von Euer Gnaden Trost einzuhauchen,

ich unterliege bey unser dermahligen Regierung vielen
Verdriesslichkeiten, welche ich aber hier mit stillschwei-
gen übergehen muss: der einzige Trost, so mir noch
übrig bleibt, ist, dass ich Gott lob, gesund, und thätige
lust zur arbeith habe; nur bedaure ich bey dieser lust,
dass Euer Gnaden so lang auf die versprochene Sinfonie warten müssen; es ist aber dissfals bloss eine gewisse Nothwendigkeit schuld daran, welche meine umstände und die dermahlige Theuerung verursachen.
seund Euer Gnaden derohalben nicht böse auf Ihren
Haydn, der, so oft sich sein Fürst von Estoras absen-
tirt, nie die Erlaubnuss erhalten kan, nur auf 24 Stund
nach wienn gehen zu darfen; es ist kaum zu glauben,
und doch geschieht diese weigerung auf die feinste arth,
und zwar auf solche, dass ich ausser stand gesezt werde,
die Erlaubnuss zu begehren.   nu in gottes Nahmen:
es wird auch diese zeit vorüber gehen, und Jene wider
komen, in welcher ich das unschäzbahre Vergnügen
haben werde, neben Euer Gnaden am Clavier zu sitzen,
Mozarts Meister Stücke spiellen zu hören, und für So
viel schöne Sachen die Hände zu küssen.   in dieser
Hofnung bin ich

Euer Gnaden

ganz gehorsamster und auf-
richtigster Diener
Josephus Haydn m. p.

Mein Ergebensten Respect
an hoch Dero Hrn. Gemahl
und sammtliche Famil.ie, in-
gleich an die v. Hackerische
und an P. Professor.

Estoras den 6. Juny 1790.

Hoch, und wohl gebohrne
Hochschäzbahrste, allerbeste Frau v. Gennzinger!

Es ist mir von Herzen leyd, dass Euer gnaden
mein leztes schreiben so spät erhalten, nachdem die
vorige woche kein Husär von Estoras abgegangen, so
ist es nicht meine schuld, dass der Brif So spät ein-
gelofen.
unter uns! mache Euer gnaden zu wissen, dass
unsere Mademoiselle Nanette mir den auftrag gemacht,
für Euer gnaden eine neu Clavier Sonaten zu Compo-
nieren, welche aber in keine andere Hände kommen
darf. ich schäze mich glücklich, ein solchen befehl erhalten zu haben. Euer Gnaden werden diese Sonaten
längstens in 14 Tagen überkomen. obgedachte Mad-
moiselle versprach mir dafür eine bezahlung, Euer gnaden können sich aber leicht vorstellen, dass ich jederzeit solche versagen werde: für mich wird stets die
gröste belohnung seyn, wan ich hören werde, dass ich
einigen beyfall verdiene; unterdess bin ich mit vorzüglichster Hochachtung

Euer Gnaden

ganz gehorsamster Diener
Jos. Haydn m. p.

Estoras den 20. Juni 1790.

Hoch, und Wohl gebohrne
Hochschäzbahrste — allerbeste Frau v. Gennzinger!

Ich Erdreiste mich, Euer Gnaden eine ganz neue
Clavier Sonaten mit einer Flaute oder Violin begleitet,
nicht als etwas sonderbahres, sondern nur im Fall der
Eussersten langen weile, als das allermindeste einzu-
schlicken; nur bitte ich dieselbe baldigst abschreiben
zu lassen, und mir wider zurück zu senden. Vorgestern
übergab ich die angeordnete neue Sonate meiner ge-
bietterin der Mademoiselle Nanette; Ich hofte, dass Sie
diese Sonate von mir zu spiellen ein Verlangen tragen
würden, ich habe aber bis jezo keine ordre erhalten,
weis auch derohalben nicht, ob Euer Gnaden diese Sonate mit dem Heutigen Post Tag werden erhalten haben oder nicht. Diese Sonate ist Ex Es, ganz neu,
und blos auf ewig für Ihro gnaden bestimmt, wunderbahr aber ist es, dass eben das letzte Stück von dieser Sonate den nemblichen Menuet und Trio in sich
enthält, was Euer Gnaden in Ihren lezten brief von mir
forderten. diese Sonate war schon voriges Jahr für
Ihro gnaden von mir aus bestimt, nur das Adagio hab
ich erst ganz neu dazu verfertigt, welches ich aber
Euer gnaden auf das allerbeste anEmpfehle, es hat sehr
vieles zu bedeuten, welches ich Euer Gnaden bei gelegenheit zergliedern werde, es ist etwas mühesam, aber
viel Empfindung, nur schade, dass Euer gnaden kein
Forte piano von schantz haben; nochmahl So viel Effect
wurden Euer gnaden daraus schöpfen.

NB. die Mademoiselle Nanette darf aber nichts
davon wissen, dass diese Sonate schon halb verfertigt

war, weil Sie sich ansonst andere begrife von mir machen könte, welche mir nachtheillig seyn könten, ich muss sehr behutsam seyn, um Ihre gnade nicht zu verliehren. unterdess schäz ich mich glücklich, dass ich wenigstens ein werkzeug seyn kan Ihr gefällig zu werden, besonders da die aufopferung für Sie meine allerlibste Frau v. Gennzinger bestimt ist. o ich wolte wünschen, dass ich diese Sonaten nur ein baarmahl vorspiellen könte, wie gerne wolt ich mich wider bequemen eine Zeit lang in meiner Einöde zu verbleiben. ich hätte Euer gnaden So vieles zu sagen, und So viel zu beichten, von welchen mich niemand als blos Euer gnaden allein losssprechen könten: allein, was dermahlen nicht seyn kan, wird hof ich zu gott diesen winter geschehen, die helfte der Zeit ist fast schon vorüber: unterdess getröste ich mich mit der geduld, und bin zu frieden, dass ich das unschäzbahre glück besitze mich nennen zu könen,

Euer Gnaden

ganz gehorsamster aufrichtigster Freund und Diener
Josephus Haydn m. p.

Mein gehorsamsten Respect an
Hrn. gemahl, und alle angehörige. Euer gnaden küsse ich
1000 mahl — die Hände.

Estoras den 27. Junj 1790.

Hoch, und Wohl gebohrne
Sonders Hochschäzbahre, und allerbeste Frau v. Genzinger!

Euer gnaden werden ohnfehlbar die neue Clavier
Sonaten schon Empfangen haben, wonicht, So werden
es Hochdieselbe vielleicht mit meinem schreiben erhalten. Vor 3 Tagen muste ich diese Sonaten bey unser
Mademoiselle Nanette in gegenwarth meines gnädigsten
Fürstens abspiellen, ich zweiflete anfangs der schwürig-
keit wegen über dieselbe einigen beyfall zu erhalten,
wurde aber in gegentheil überzeugt, indem ich dafür
aus eigener Hand eine goldene Tobackes Dose zum
geschenk überkomete: nun wünsche ich nur, dass auch
Euer gnaden damit zu frieden seyn möchten, damit ich
mich bey meiner gönnerin in grösseren Credit setzen
kan: eben derohalben bitte ich Euer Gnaden, es Ihr,
wo nicht selbst, wenigstens durch Dero Hrn. Gemahl
zu wissen zu machen, dass ich vor freyde Ihre gene-
rosität nicht habe verschweigen könen, um so viel mehr,
da ich überzeugt bin, dass Euer gnaden an all mir er-
wiesenen wohlthaten antheil nehmen: nur schade, dass
Euer gnaden kein Forte piano von Schantz besitzen;
indem sich alles besser ausdrücken läst: ich dächte,
Euer gnaden solten Ihren zwar sehr guten Flügl der
freylein Peperl überlassen, und für sich ein neues Forte
piano einschafen. Ihre schönen Hände, und die orga-
nisirte schnellkraft in den selben verdienen dis, und
noch mehr. ich weis, dass ich diese Sonaten hätte auf
die arth Ihres Claviers einrichten sollen, allein es war
mir nicht möglich, weil ich es ganz aus aller gewohn-
heit habe.

nun Trift es mich abermahl, dass ich zu Hauss
bleiben muss. was ich dabey verliehre, können sich
Euer gnaden selbst einbilden. es ist doch Traurig, immer Sclav zu seyn: allein, die Vorsicht will es. ich
bin ein armes geschöpf! stets gePlagt von vieller arbeith, sehr wenige erhollungsstunden, Freunde? was sag
ich — einen ächten? es giebt ja gar keine ächte Freunde
mehr — eine Freundin! o ja, es mag wohl noch eine
seyn. Sie ist aber weit von mir. i nu, ich unterhalte
mich in gedanken, Gott Seegne Sie, und mache, dass
Sie auch meiner nicht vergesse! unterdessen küsse ich
Euer Gnaden 1000 mahl die Hände, und bin unver-
änderlich mit vorzüglichster Hochachtung

Euer gnaden

Mein gehorsamsten	ganz gehorsamster aufrichtiger
Respect an Dero	Diener
Hrn. Gemahl und	Josephus Haydn m. p.
all angehörige.	

Heute bitte ich der schlechten schrift wegen um vergebung. ich leyde ein wenig an augenschmerzen.

Estoras den 4. Julj 1790.

Hoch und wohlgebohrne
Hochschäzbahrste Frau v. Genzinger!

Diesen augenblick erhalte ich Dero zuschrift, und
eben diesen augenblick geht die Post ab. Mich freuet
es herzlich, dass mein Fürst Euer Gnaden ein Neues
forte piano Spendirt, und um so viel mehr, weil ich
einiger massen ursach davon bin, indem ich die Mademoiselle Nanette inständig gebetten Ihren Hrn. gemahl
zu persvadieren, dass Er eines für Ihro gnaden kaufen
möchte, nun aber hängt der Einkauf desselben blos von
Ihro gnaden ab, und komt nur darauf, dass Sich Euer
gnaden eines nach Dero Hand und gusto aussuchen.
gewis ists, dass Hr. Walther mein freund dermahlen
sehr berühmt ist, und ich von diesen Mann alle Jahr
sehr viel höflichkeit Empfange, aber unter uns, und
recht aufrichtig, unter zehen ist bisweilen ein einziges
so man mit recht gut nennen kan, nebst dem ist Er
ausserordentlich theuer. ich kenne das forte piano des
Hrn. v. Nickl, es ist treflich, aber für die Hand Euer
gnaden ist es zu schwer, man kan nicht alles mit ge-
höriger Delicatesse spiellen, derohalben möchte ich, dass
Euer gnaden eines von Hrn. schanz Probirten, Seine
forte piano haben eine ganz besondere leichtigkeit, und
ein angenehmes Tractament. für Euer gnaden ist höchst
Nothwendig ein gutes Forte piano, und meine Sonaten
gewinnt nochmahl so viel dabey.

unterdessen küsse ich Euer gnaden die Hände für
die mir überschriebene Sorgfalt in betref der Madlle. Nanette. schade, dass diese kleine goldne Dose, so Sie
mir gegeben, und getragen hat, so voller fleck ist, viel-

leicht kan ich Sie in wienn ausbessern lassen. bishero hab ich noch keine ordre erhalten, um ein Forte piano zu kaufen. ich förchte, man wird Euer gnaden eines in das Hauss schücken, welches von aussenher schön, von innen aber halsstarrig seyn wird. Ihr herr gemahl soll ganz natürlich sich auf mich beziehen, dass dermahl Hr. schanz in diesen fach der beste meister seye, das übrige wurde ich alsdan schon besorgen. in grüster Eyl bin ich

Euer gnaden

ganz gehorsamster Diener
Jos. Haydn m. p.

Wien den 11. Julj 1790.

Hochgeehrtester Herr v. Haydn!

Dero schreiben vom 4. Julj habe ich Richtig erhalten, und verlasse mich gänzlich vermög eines vortreflichen forte piano auf sie, dan Ihnen die Mademoiselle, so bald Sie hinab kömt, in Nahmen des fürsten
die comission geben wird, für mich eins anzufrimmen.
es ist mir auch recht, wen sie solches (weilen sie es
für besser befinden) von Herrn schanz nehmen, doch
were es mir Lieb, wen sie es forhero, ehe ich es be-
komme, probiren, dan ich befürchte, weilen ich davon
doch zu wenig kentnis zu haben glaube, ich möchte
villeicht kein recht gutes wählen.

Die Sonate gefählt mir überaus wohl, eine einzige
sache wünschte ich das könte abgeehndert werden (wen
solches der schönheit des Stükes nichts benimt), nem-
lich das, welches im 2. Theill des Adagio über die Hand
mus gespillet werden, weilen ich solchs nicht gewöhnet
bin, so kömt es mir schwer an, bitte also mir zu er-
inern, auf was art solches zu verändern were.

Dieser Tag werde ich Ihnen die erstere Sonate
wiederum übermachen, sie ist auch sehr schönn. Um
eines mus ich Ihnen noch schönstens ersuchen, nemh-
lich das mir die versprochene Sinfonie, welche sie für
mich einzig und allein zu Componiren mir zugesaget
haben, und auf welche ich mich schon unendlich er-
freye, nicht etwan vermöge der Sonaten abgerechnet
wird, ich solte sie zwar, weilen sie anjezo erst ·diese
Mühe gehabt, nicht mehr plagen, allein das besondere
vergnügen, welches ich an dero so angenehmen Compositionen habe, läst es nicht anderst zu.

6 *

Ich verhoffe nebst bey, dass Sie sich gesund befinden, was mich anbelangt, bin ich noch nicht gänzlich
von meinen Chartar hergestellet, und brauche anjezo
eine Cur von Selzerwasser mit Milch, welche ich vorgestern angefangt, hoffe jedoch mit gottes hilf, das ich
bald eine gute wirkung davon verspüren werde. Ich
schlüsse und gebleibe mit vieller veneration

Dero aufrichtigste Freundin
Maria Ana Edle v. Gennzinger
geborne Edle v. Kayser.

Von all den meinigen folget all erdenkliches.

Estoras 15. August 1790 [1]).

Hoch, und Wohl gebohrne
Hochschäzbahrste Frau v. Gennzinger!

Schon die vorige woche wäre es meine schuldig-
keit gewesen, Euer gnaden über das Empfangene schreiben zu andworten, allein, da mir dieser heutige Tag
schon lange voraus am Herzen lag, ich aber vermög
diesen die ganze zeit hindurch, mir all erdenkliche
mühe gabe, wie, auf was arth, und wass alles ich Euer
gnaden anwünschen solte, so verflossen jene 8 Tage,
und jezo, da mein wunsch sich Eussern solte, steht
mein kurzer verstand still, und weiss (ganz beschämt)
gar nichts zu sagen: warum? darum? weil ich jene
Musicalische hofnungen, so sich Euer gnaden am heutigen Tag mit rechten bey sich selbst werden gemacht
haben, nicht in Erfüllung habe bringen könen! o wü-
sten, und könten Sie allerliebste gnädige Gönnerin über
diesen Punct in mein beklemtes Herz sehen, Sie wurden gewis mitleyd und Nachsicht über mich haben:
diese arme versprochene Sinfonie schwebt seit Ihrer
anordnung stets in meiner Fantasie, nur einige (leyder)
bishero Nothdringende zu fälle haben diese Sinfonie
noch nicht zur welt komen lassen! allein, die hofnung
einer gnädigen Nachsicht über diese Verzögerung, und
endlich der anlangende bessere zeitpunckt der Erfüllung, werden denjenigen wunsch zu Stande . bringen,
welcher vielleicht bei Euer gnaden unter denen Heut,

---

[1]) Den Tag ergibt die Veranlassung des Briefes, nämlich
der Namenstag der Empfängerin, der auf den 15. August tiel,
das Fest der Himmelfahrt Mariens.

und gestrichen so vil hunderten nur ein kleiner Mit-
laufer seyn mag, vielleicht, sage ich, dan es wäre dreist
von mir, zu denken, dass Sich Euer gnaden nichts bes-
seres wünschen solten: Sie sehen also, allerbeste gnädige Frau, dass ich Ihnen zu Ihrem Nahmens Tag
nichts wünschen kan, weil für Sie meine wünsche zu
schwach, und folglich nichts fruchten! ich, ich mus mir
selbst wünschen, und zwar um gnädige Nachsicht, um
erhaltung Ihrer mir so angenehmen ferneren Freundschaft und wohlgewogenheit; dieses ist mein heissester
wunsch! solte aber noch ein wunsch von mir bey Ihnen
Platz haben, so soll dieser mein wunsch sich in den
Ihrigen verwandlen, dan bin ich versichert, dass zu
wünschen, nichts mehr übrig bleibt, als nur, dass ich
mir wünsche ewig mich nennen zu darfen

Euer Gnaden

ganz aufrichtigster Freund und
Diener

Mein gehorsamsten Respect   Josephus Haydn m. p.
an Hrn. gemahl und ge-
samte Famillie.

übermorgen Erwarte ich andworth wegen den Forte'
piano. alsdan werden Euer gnaden die abänderung des
Adagio erhalten.

Calais den 31. December 1790.

Wohl Edl gebohrne
Hochzu Ehrende Frau v. Gennzinger!

Die eingefallene schlechte witterung, der beständig anhaltende Regen verursachet, dass ich eben (als ich dieses schreibe) erst abends nach Calais angekommen, und morgen früh um 7 uhr über Meer nach London abgehen werde; ich versprache Euer gnaden v. Brüssel zu schreiben, konte mich aber nicht länger als eine stunde alldort verbleiben: ich befinde mich, dem höchsten Sey gedanckt, gesund, und bin ich wegen den Faticken und der unordnung des schlafes, verschiedenen speisen und geträncks wegen etwas magerer geworden.

in etwelchen Tagen werd ich Euer gnaden das mehreres von meiner Reise überschreiben, für Heute bitte ich um vergebung. ich hofe zu gott, dass sich Ihro gnaden und der Hr. gemahl samt der ganzen Familie wohl befinden werden. ich bin bis dahin mit vorzüglichster Hochachtung

Euer Gnaden

ganz gehorsamster Diener
Jos. Haydn m. p.

Madame
Madame Noble de Gennzinger
née Noble de Kayser
a
Vienne.

London den 8. Jenner 1791.

Hoch und wohl gebohrne!
Gnadige Frau!

Hofe, dass Euer gnaden mein letztes schreiben v.
Calais werden erhalten haben, ich hätte zwar alsogleich
nach meiner ankunft in London, So wie ich versprochen habe, einigen bericht abstatten sollen, allein ich
wolte etwelche Täge abwarten, damit ich mehrere umstände zugleich übermachen kan. berichte demnach,
dass ich den ersten dieses als an neuen Jahres Tag
fruh um halb 8 uhr nach angehörter hl. Meess in das
schif stiege, und nachmittag um 5 uhr, dem höchsten
sey gedankt, wohlbehalten und gesund zu Dower an-
kame, anfangs hatten wür 4 ganze stunden fast gar
keinen wind, und das schif ging so langsam, dass wür
in diese 4 stunden nicht mehr als eine einzige Englische Meile machten, deren aber sind von Calais bis
Dower 24. unser schif Capitain in üblester laune sagte,
dass wan sich der wind nicht ändere, wür die ganze
nacht zur See bleiben müssen. zum glück aber Hub
sich der Wind gegen halb 12 uhr so günstig, dass wür
bis 4 uhr 22 Meilen zurück legten. da wür aber wegen der eben einfallenden Ebbe mit unsern grossen
schife nicht an das gestatt komen konten, so liefen schon
von weit 2 kleinere schife gegen uns, in welche wür
uns samt unser Pagage übersetzten und endlich unter
einem kleinen sturmwind doch glücklich anlandeten.
das grosse schif blieb noch 5 stund darnach im Meer,
bis es endlich nach angekomener Fluth einlaufen konte.
einige von den Reisenden blieben aus forcht in das
kleinere zu steigen auf demselben, ich schluge mich

aber zu dem grössern Haufen. während der ganzen
überfahrt bliebe ich oben auf den schif, um das unge-
heure Thier, das Meer, satsam zu betrachten. so lange
es windstill war, fürchtete ich mich nicht, zuletzt aber,
da der immer stärkere wind ausbrach, und ich die her-
anschlagende, ungestimme, hohe wellen sahe, überfiel
mich eine kleine angst, und mit dieser eine kleine üb-
lichkeit. doch überwündete ich alles, nnd kam ohne
S. v. zu brechen glücklich an das gestade. die meisten
wurden krank, und sahen wie die geister aus. da ich
aber nach London kam, wurde ich erst die Beschwerde
der Reise gewahr. ich gebrauchte 2 Tag, um mich zu
erhollen. nun aber bin ich wider ganz frisch und Munter, und betrachte die unendlich grosse stadt London,
welche wegen Ihren verschiedenen schönheiten und
wunder dinge ganz in Erstaunung versezt. ich machte
alsogleich die Nothwendigsten Visiten, als den Neapo-
litanisch und unsern gesandten, ich erhilte in 2 Tagen
von beiden die gegen visit, und speisete vor 4 Tagen
bey dem Ersteren zu Mittag, aber Nota bene um 6 uhr
abends, das ist So Mode hier.

  meine ankunft verursachte grosses aufsehen durch
die ganze stadt. durch 3 Tag wurd ich in allen zeitungen herumgetragen. jederman ist begierig mich zu
kennen. ich muste schon 6 mahl ausspeisen, und könte
wen ich wolte täglich eingeladen seyn, allein ich muss
erstens auf meine Gesundheit, und 2. auf meine arbeith
sehen. ich nehme ausser den Milords bis nachmittag
um 2 uhr keine visite an, um 4 uhr speis ich zu Hauss
mit Mon. Salomon. ich habe ein niedliches bequemes
aber auch theueres logement. mein Haussherr ist ein
Italiäner, und zugleich ein Koch, welcher mich mit 4
speisen recht gut bedient, wir bezahlen ein jeder ohne

wein und bier täglich 1 fl. 30 kr. aber alles ist er-
schröcklich theuer. gestern wurde ich zu ein grossen
liebhabers Concert geladen, ich kam aber etwas zu spät,
und als ich mein Billiet abgebe, liesse man mich nicht
hinein, sondern führte mich in ein neben zimer, allwo
ich bleiben muste, bis das eben in den Saal produci-
rende Stücke vorüber war. alsdan öfnete man die Thür,
und ich wurde unter den arm des Entepraneurs unter
allgemeinem Hände-Klatschen durch die Mitte des Saals
bis vorno an das orchester geführt, allda angeäfet und
mit einer menge Englischer Complimenten bewundert.
man versicherte mich, dass diese Ehre seit 50 Jahren
nicht seye vollzogen worden. nach der Music führte
man mich in einen andern daranstossenden schönen Saal,
allwo für die sammtliche Amateurs eine Tafel von 200
Persohnen mit sehr vielen gedecken bereit stunde, und
zu welcher ich oben an sitzen solte. allein da ich an
oben diesen Tag ausspeisete, und mehr wie gewöhnlich
asse, so verbatte ich mir diese Ehre mit einer Excus,
dass ich mich nicht allerdings wohl befände, ich musste
aber ungeacht dessen die Harmonische gesundheit in
Burgunder wein allen anwesenden zutrinken, welche es
erwiederten, und alsdan liese man mich nach Hause
führen. alles dieses, meine gnädige Frau, war für mich
sehr schmeichelhaft, doch wünschte ich mir auf eine
zeit nach wienn flichen zu können, um mehrere ruhe zur
arbeith zu haben, dan der lärm auf denen gassen von
dem allgemeinen verschiedenen Verkaufs-volk ist unausstehlich. ich arbeithe zwar jezo noch in Sinfonien, weil
das opera büchl noch nicht entschieden ist, ich werde
aber um mehr ruhe zu haben mir ein zimmer weit vor
der stadt miethen müssen. ich möchte recht gerne noch
etwas mehr überschreiben, allein ich fürchte die gelegen-

heit zu versaumen. unterdess bin ich nebst höflicher Empfehlung an Hrn. gemahl, freyle Pepi und all übrige mit vorzüglichster Hochachtung

Euer gnaden

ganz gehorsamst aufrichtigster
Diener
Joseph Haydn m. p.

nun gelanget eine bitte an Euer gnaden: ich weis nicht, ob ich die Sinfonie von mir in Es, so mir Euer gnaden zurück gegeben, zu Hauss in meim quartier vergessen, oder ob mir dieselbe unterweges entfremdet wurde. da ich Sie gestern vermiste, und nun dieselbe nothwendig gebrauchte, So bitte ich inständig, mir dieselbe durch den gnädigen Hrn. v. Kees zu prociriren, und solche in Ihrem Hauss auf klein Post Papier zu schreiben, und solche sobald möglich per postam anhero zu schücken, Solte Hr. v. Keess ein bedenken tragen, woran ich zwar zweifle, so belieben Euer gnaden Ihm den Brief selbst zu überschücken. meine Address ist folgende.

A. M.
Mon. Haydn
Nr. 18 great Pulteney Street.

———

Hier fehlt ein Schreiben vom 3. Juli, das Haydn sein zweites nennt.

———

Hoch und wohl gebohrne
Gnädige Frau!

Da ich über mein 2. schreiben vom 3. Julj, welches ich durch einen hiesigen Compositor Hrn. Diettenhofer samt einem kleinen Andante von einer meiner
neuen Sinfonien in Clavier auszug Euer gnaden über-
schückte, noch bis dato keine andworth, weder die von
mir ausgebettene Sinfonie Ex E-mol erhalten habe, so
kan ich nicht mehr länger abwarten, um mich zu erkundigen, wie sich Euer gnaden samt Ihren Hrn. gemahl und der ganzen lieben Familie befinden. solte dan
das Hessliche sprichwort, „aus den augen, aus den Sinn,"
aller orthen gelten? o nein, entweder sind die häufige
geschäften, oder der verlurst meines schreibens, so wie
jener von der Sinfonie schuld daran. über den willen
der einsendung meiner anverlangten Sinfonie bin ich
überzeugt, nachdem Hr. v. Keess mich dessen in seinem schreiben versicherte; allein, da wür uns beeder-
seits über den verlurst zu beklagen haben, so müssen
wür es der Vorsicht überlassen. ich schmeichle mir
über dieses schreiben eine kurtze andworth. nun meine
liebe — gute gnädige Frau, was macht Ihr forte piano?
wird doch zu zeit ein Haydnischer gedanke durch Ihre
schöne Hand erneuert? singt meine gute freyle Pepi
bisweilen die arme Ariadne? o ja, ich höre es bis hieher, besonders seit 2 Monathen, indem ich auf den land
in einer der schönsten gegenden bey einem Bankier
lebe, dessen Hertz samt der Familie dem v. Gennzin-

gerischen Hauss gleichet, und allwo ich wie in einer
Clausur lebe. ich bin dabey, Gott sei ewig gedankt,
bis auf die gewöhnliche Rhevmatische zu stände gesund,
arbeithe fleissig und gedenke jeden fruh morgen, wenn
ich alleine mit meiner Englischen grammer in den wald
spaziere, an meinen schöpfer, an meine Familie, und
an all meine hinterlassene freunde, worunter ich die
Ihrige am Hochsten schätze. ich hoffe freylich dieselbe
früher zu geniessen, allein, meine umstände, — kurtz
das schicksall will es So haben, dass ich noch 8 oder
10 Monathe in London verbleibe. o meine liebe, gnädige Frau! wie Süss schmeckt doch eine gewisse Freyheit, ich hatte einen guten Fürsten, muste aber zu zeiten
von niedrigen Seelen abhangen. ich seufzte oft um Erlösung, nun habe ich Sie einiger massen. ich erkenne
auch die Gutthat derselben, ohngeachtet mein geist mit
mehrer arbeith beschwert ist. das bewust seyn, kein
gebundener diener zu seyn, vergütet alle mühe. allein
so lieb mir diese Freyheit ist, so gerne verlange ich
bei meiner zurückkunft im Fürst Esterhazischen Dienst
zu seyn, bloss meiner armen Familie wegen. ob ich
aber dieses verlangen erhalten werde, zweifle ich sehr,
indem mein Fürst über mein längeres aussenbleiben sich
in seinem schreiben über mich beschwert, und Absolute meine baldige Rückkehr verlanget, ein welches
ich aber vermög neuen Contracts, so ich hier machte,
nicht vollziehen kan. ich erwarte nun leyder meine
entlassung; hofe aber anbey, dass mir gott die gnade
geben wird, durch meinen Fleiss diesen schaden in
etwas zu ersetzen. indessen Tröste ich mich, von Euer
gnaden bald etwas zu vernehmen. meine versprochene
neue Sinfonie werden Euer gnaden in 2 Monathen erhalten. um aber gute Ideen zu bekommen, so bitte ich,

schreiben mir Euer gnaden, aber schreiben Sie ja recht viel demjenigen, so ewig seyn wird

Euer Gnaden

ganz gehorsamster aufrichtigster Freund und Diener
Jos. Haydn m. p.

London den 17. September 1791.

Mein gehorsamsten Respect an Hrn. v. Gennzinger und sammtliche Familie. ich bitte um vergebung, dass ich mir die freyheit nahm, gegenwärtigen brif an Hrn. v. Keess bei zu schliessen. ich wuste seine wohnung nicht.

London den 13. October 1791.

Hoch, und wohl gebohrne
Gnädige Frau!

Ich Nehme mir die freyheit inständig zu bitten,
der Meinigen auf eine kurtze zeit 150 fl. vorzustrecken,
aber mit dieser Condition, dass Euer gnaden ja nicht
von mir gedenken mögen, dass ich seit meiner abreis
ein schlechter würth geworden. nein, meine gute, gnädige Frau, gott segnet mich. es sind 3 umstände schuld
daran. erstlich hab ich seit meiner abreis meinem Fürsten die zur Reise mir geliehenen 450 fl. abgezahlt;
zweytens kan ich von meinen Banco-obligationen kein
Interesse fordern, weil die Obligationen in der Scha-
tullie sind, so Euer gnaden in Hand haben, wovon ich
mich weder des Numero, noch des Namens Erinere,
folglich kan ich keine quittung schreiben; drittens, kan
ich von die 5883 fl., so ich Erst kürzlich, und zwar
1000 davon bey dem Fürsten, das übrige bey Hrn.
grafen v. Fries anlegte, noch nicht abfordern, besonders
weil es Englisch geld ist. Euer gnaden sehen also, dass
ich stets ein guter würth ware. diss macht mir auch
die hofnung, dass mir Euer gnaden gegenwärtige bitte
nicht abschlagen werden, der meinigen die 150 fl. dar-
zuleihen. dieser brif soll zu Euer gnaden stats einer
Obligation dienen, und bey allen gerichten gültig seyn.
das Interesse werd ich bey meiner zurückkunft mit Tausend danck ersetzen. unterdessen bin ich mit vorzüglichster Hochachtung nebst meinem gehorsamsten Respect
an Hrn. gemahl, freylen Pepi und all übrigen,

Euer Gnaden

ganz gehorsamster Diener

Jos. Haydn m. p.

Da ich mich des Ersteren kleinen Adagio am anfang der Sinfonie Ex E-mol nicht erinnere, so nehme ich mir die freyheit, das darauf folgende Allegro anzuzeichnen.

solte ich so glücklich seyn, diese Sinfonie bis Ende Jenner 1792 zu erhalten? o ja, ich schmeichle es mir. aber wie wunderbahr manche sachen sich Eusseren! ich glaube, dass Euer gnaden den nemblichen Tag mein schreiben werden erhalten haben, als ich den grausamen vorwurf lesen muste, dass Haydn im stande sein solte, seiner Freundin und wohlthätterin zu vergessen! o wie oft wünsche ich nur eine viertl stund mit Euer gnaden am Clavier zu seyn, und alsdan eine gute deutsche Supe zu Essen. allein, alles kan man auf dieser weld nicht haben. gott schenke mir nur meine gesundheit, bishero hab ich dieselbe, und hofe auch zu dem allmächtigen Sie fernerhin durch meine ordentlichkeit zu erhalten. das wohlergehen von Euer gnaden ist mir das allerangenehmste zu vernehmen. die vorsicht Erhalte Sie lang! übrigens hofe ich Euer gnaden in zeit von 6 Monathen zu sehen, ich werde viele dinge zu erzehlen haben. Adieu. good Night — it is time to go to bed. auf deutsch — gute nacht, es ist zeit zu bette zu gehen, es ist halb zwölf uhr. doch noch etwas. um sicherheit willen des geldes wird Herr Hamberger, ein sehr guter Freund von mir, ein Mann von langer Statur und Hauss Herr von der Meinigen, selbst diesen Brif überbringen, welchem auch Ihro gnaden ganz sicher das geld anvertrauen könen. doch bitte ich, sich darüber, wie auch von der Meinigen, quittiren zu lassen.

Herr v. Keess schreibt mir unter andern, dass Er gerne meine umstände hier in London wissen möge, indem man verschiedenes in wienn von mir spricht. ich ware von jugend auf dem Neyde ausgesezt, wundere mich demnach nicht, wenn man auch dermahlen mein weniges Talent ganz zu unterdrücken sucht; allein der Obere ist meine Stütze. Die meinige schrieb mir, allein ich kan es nicht glauben, dass Mozart mich sehr herab setzen solte. ich verzeihe es Ihm. Dass ich auch in London eine menge Neyder hab, ist ganz gewiss, und ich kenne Sie beynahe alle. die meisten davon sind wellsche. allein Sie könen mir nicht nahe kommen, weil mein Credit bei dem Volk schon vor viellen Jahren festgesezt war. seynd Euer gnaden versichert, dass wan ich den gehörigen beyfall nicht erhalten hätte, ich schon längst nach wienn zurückgereiset wäre. ausser den Professoren bin ich von jederman geschäzt und geliebt. wegen der belohnung soll Mozart zum grafen v. Fries, um sich dessen zu Erkundigen, gehen, bei welchem ich 500 Pfd., und bey meinem Fürsten 1000 gulden, zusammen beynahe 6000 fl. aulegte. ich dancke täglich meinem schöpfer für diese wohlthat, und ich schmeichle mir noch ein Baar Tausend nach Hauss zu bringen, ohnerachtet ich grosse ausgaben habe, und ohneracht der Reisekosten. nun will ich Euer gnaden nicht länger beschwerlich fallen. das ist eine schlechte schrift.

was macht der Pater — — mein Compliment an denselben.

London den 17. November 1791.

Hoch und wohl gebohrne
Gnädige Frau!

In gröster Eyl bitte ich mitkomendes Bachet unter
Dero Address Dem Hrn. v. Keess zu überschücken, indem in demselben die zwey versprochene neue Sinfonien enthalten, ich wartete stets auf eine eigene gute
gelegenheit, konte aber keine erfragen, ware demnach
gezwungen, dieselbe per postam zu überschüken. ich
lasse Hrn. v. Keess gehorsamst bitten, von beeden Sinfonien eine Probe zu halten, weil Sie sehr Delicat sind,
besonders das lezte Stück in D, in welchem ich das
allerkleinste piano anempfehle und mit einem sehr ge-
schwinden Tempo [1]). das mehrere werd ich nächster
Tägen Euer gnaden überschreiben. Nota bene ich ware
gezwungen, die beeden Sinfonien an Euer gnaden zu
Addressiren, indem ich die Logirung des Hrn. v. Keess
nicht weis. ich küss Euer gnaden die Händ und bin
nebst höflicher Empfehlung an Hrn. gemahl und Famillie
Dero

ganz gehorsamster Diener
Joseph Haydn m. p.

Eben bin ich heute vom lande zurückkommen, ich
ware bey ein Mylord 14 Tag 100 Meilen von london.

- ——

[1]) Dürfte nach Dr. Leop. v. Sonnleithners Meinung die in
der Magdeburger Ausgabe des Arrangements für das Pianoforte
zu 4 Händen mit Nr. 6 bezeichnete sein, in welcher das Rondo
des ersten wie zweiten Theils mit 'Piano' bezeichnet ist.

Madame

Madame Anne Noble de

Gennzinger Noble de Kayser

in schotten Hof auf   a

der Haupt Stiege   Vienne

im 2. Stock.   en autriche.

London den 20. December 1791.

Hoch, und wohl gebohrne
Gnädige Frau!

Mich wundert es sehr, dass Sie mit den 2 Sinfonien nicht auch zugleich den Brif erhalten haben, indem ich selbst beides der hiesigen Post übergeben und bestens anEmpfohlen habe. allein der Fehler war stets von mir, dass ich den Brif nicht in das Paquet eingeschlossen habe. So geht es, gnädige Frau, gemeiniglich jenen, So zu viel Kopfarbeith haben. nun aber hofe ich, dass Sie das schreiben werden etwas spätter erhalten haben; wo nicht, so muss ich mich hier erklären, dass beede Sinfonien für Hrn. v. Keess bestimt waren, jedoch mit diesem vorbedacht, dass, wan solche durch ordre des Hrn. v. Keess werden abgeschrieben seyn, die Partitur davon Euer gnaden solte überreicht werden, damit Euer gnaden ein Clavier auszug von den selben nach wohlgefallen machen könen. jene Sinfonie aber, so für Euer Gnaden bestimt, werd ich längstens anfangs February übermachen. es ist mir nur leyd, dass ich gezwungen war, dieses grosse Paquet an Euer gnaden zu Addressiren, indem mir die Wohnung des Hrn. v. Keess unbewust. allein Hr. v. Keess wird Euer gnaden die Postunkösten bezahlen, und wie ich hofe a parte 7 Ducaten überreichen. nun bitte ich Euer gnaden ganz gehorsamst, mir von diesem geld die schon So oft anverlangte Sinfonie Ex E mol, wovon ich letzthin das Thema beyschickte, auf klein Post Papier geschrieben, so bald möglich per Postam zu überschicken, weil vielleicht in einem halben Jahr erst ein Curier von wienn abgehen kan, ich aber die Sinfonie höchst

Nöthig bedarf. nachhero aber unterfange ich mich neuerdings Euer gnaden zu quällen, mir ebenfalls eine gewisse, und zwar die lezte Clavier Sonate Ex As, das ist mit 4 C mol, mit einer Violin, und violoncello begleitet, und noch ein anders stück, la Fantasia Ex C ohne begleitung, bei Hrn. Artaria zu kaufen, und alsdan ebenfals auf klein Post Papier Copirter per postam zu überschicken, weil solche in London noch nicht gestochen seyn. allein Ihro gnaden müssen die gewogenheit haben, Hrn. Artaria nichts davon zu melden, sonst komt Er mir mit dem Verkauf zuvor. die ausgaben davon nehmen Ihro gnaden von die 7 Ducaten. um wider auf die obige 2 Sinfonien zu kommen, so muss ich Euer gnaden sagen, dass ich das Andante von jener Ex C minor im Clavier auszug durch Hrn. Diettenhofer übermachte. da aber wie man glaubt Hr. Diettenhofer unterwegs gestorben oder sonst ein unglük mus gehabt haben, so könen Sie nun selbst nach wohlgefallen beede Stücke überschen. der gröstetheil von dem Inhalt des Brifes, so ich Hrn. Diettenhofer übergab, ware von der aufnahm der Doctorswürde zu Oxford, und von all den Ehren, so ich allda Empfangen habe. bey dieser gelegenheit muss ich Euer gnaden melden, dass ich vor 3 wochen durch Printzen v. Wallys zu seinem bruder dem Herzog v. Yorck auf sein lustschloss geladen wurde, der Printz führte mich bey der Herzogin, die Tochter des Königs von Preussen, auf, welche mich sehr gnädig mit vielen schmeichelhaften worten Empfing. Sie ist die liebenswürdigste Dame von der Weld, besizt sehr viel Verstand, spielt das Clavier und singt sehr artig. ich muste 2 Tag da bleiben, weil Sie den ersten Tag wegen einer kleinen unbässlichkeit zur Music nicht komen konte. Sie bliebe aber am 2. Tag von 10 uhr

abends, allwo die Music anfinge, bis 2 uhr nach Mitternacht beständig neben mir. es wurde nichts als Haydnische
Music gespielt. ich Diregirte die Sinfonien am Clavier.
die liebe kleine sass neben meiner an der linken Hand,
und Humste alle stücke auswändig mit, weil Sie solche
so oft in Berlin hörte. der Printz v. Wallys sass an
meiner rechten Seite und spielte das Violoncello so zimlich gut mit. ich muste auch Singen. der Printz von
Wallys läst mich nun abmahlen, und das Portrait wird
in seim Cabinet aufgemacht. Printz von Wallys ist das
schönste Mannsbild auf gottes Erd boden, liebt die Music ausserordentlich, hat sehr viel gefühl, aber wenig
geld. Nota bene unter uns. mich vergnügt aber mehr
seine güte als das Interesse. Der Herzog v. yorck liesse
mich am dritten Tag, da ich keine Post Pferde haben
konte, durch seinen Zug 2 Posten weit führen. nun
gnädige Frau möchte ich mich gerne ein wenig zanken
mit Sie, da Sie glauben, dass ich die stadt London
wienn vorziehe, und mir der hiesige aufenthalt angenehmer seyn solte, als jener in meim Vatterland. ich
hasse London nicht, aber alle meine Täge da zuzubringen, wäre ich nicht im stande, wenn ich Millionen zu
verdienen wuste. die ursach davon werde ich Euer
gnaden mündlich sagen. ich freue mich kindisch nach
Hauss, um meine guten Freunde zu umarmen. nur bedaure ich dieses an dem grossen Mozart zu Entbehren,
wan es anderst dem also, welches ich nicht wünsche,
dass Er gestorben seyn solte. die nachweld bekomt
nicht in 100 Jahren wider ein solch Talent! Ich bin
herzlich erfreiet, dass Sich Euer gnaden samt denen
angehörigen in gutem wohlstand befinden. ich war gott
lob bishero immer gesund, Hab aber vor 8 Tagen einen
Englischen Rhevmatismen überkommen, der so stark,

dass ich bisweilen hell laut schreyen must. doch hofe ich denselben bald zu verliehren, weil ich mich, wie hier der gebrauch ist, ganz von unten bis oben mit Franell eingewikelt habe. Heute bitte ich Sie in der That um Vergebung, dass meine handschrift so schlecht ist. in Hofnung bald wider mit einem schreiben getröst zu werden, bin ich mit all ersinnlicher Hochschäzung, nebst meiner gehorsamsten Empfehlung an Hrn. gemahl, der beste freyle Pepi und all übrigen

Euer gnaden

ganz gehorsamster Diener
Joseph Haydn m. p.

an Hrn. v. Kreybich bitte mein
Respect zu vermelden.

London den 17. Jenner 1792.

Hoch und wohlgebohrne
Allerbeste gnädige Frau!

Tausend mahl bitte ich Euer gnaden um Vergebung, ich Erkene und bekene, dass ich nicht so saum-
seelig seyn solte in meinem Versprechen, allein, wenn
Euer gnaden sehet, wie ich hier in London Seccirt
werde in allen den privat Musicken beyzuwohnen, wo-
bey ich sehr viel zeit verliehre, und die menge der
arbeith, so man mir aufbürdet, wurden Sie, gnädige
Frau, mit mir und über mich das gröste Mittleyd haben. ich schriebe zeit lebens nie in Einem Jahr nicht
so viel als im gegenwärtig verflossenen, bin aber auch
fast ganz Erschöpft, und mir wird es wohl thun, nach
meiner nach hausskunft ein wenig ausrasten zu könen.
ich arbeithe gegenwärtig für Salomons Concert, und bin
bemüsigt mir all erdenkliche mühe zu geben, weil unsere gegner, die Professional Versamlung, meinen schüller Pleyel von Strassburg haben anhero komen lassen,
um Ihre Concerten zu Dirigiren. es wird also einen
blutigen Harmonischen Krieg absezen zwischen dem
Meister und schüller. man finge gleich an in allen zeitungen davon zu sprechen, allein mir scheint, es wird
bald Allianz werden, weil mein credit zu fest gebaut
ist. Pleyel zeugte sich bey seiner ankunft gegen mich
so bescheiden, dass Er neuerdings meine liebe gewann.
wür sind sehr oft zu sam, und das macht Ihm Ehre,
und Er weis seinen Vatter zu schätzen. wür werden
unsern Ruhm gleich theillen und jeder vergnügt nach
Hauss gehn.
    den 14. dieses Erlitte das Professional Concert

grossen schaden, indem das erst voriges Jahr neu aufgebaute Theater, am Pantheon genant, um 2 uhr nach
Mitternacht ganz abbrandte. es war gelegts Feuer. man
rechnet den schaden über Hundert 1000 Pfd. sterling.
es ist also dermahl gar kein Italiänisches Theater in
London. nun, meine Englische, gnädige Frau, möchte
ich auch ein wenig zanken mit Sie. wie oft widerhollte
ich meine bitte, mir die Sinfonie Ex E mol, wovon ich
das Thema einst beyschriebe, auf klein Post Papier per
postam anhero zu schücken. ich seufze schon lang darnach, und wan ich dieselbe bis Ende künftigen Monathes nicht erhalte, verliehre ich 20 quinees. diejenige
Copiatur, so Hr. v. Keess hat schreiben lassen, wird
vielleicht erst in 3 (Monaten) oder 3 Jahren nach London kommen, weil bisdahin kein Courier abgehen wird.
ich batte ebenfals in beygelegten Brief Hrn. v. Keess,
dass Er sorge dafür tragen möchte, wo nicht, so unter-
stunde ich mich, die Commission neuerdings an Euer
gnaden zu machen, weil ich mir schmeichle, meine drin-
gende bitte ganz sicher durch Dero besorgniss zu Erhalten. ich batte Hrn. v. Keess, das für Ihn ausgelegte
geld Euer gnaden zu übergeben, um die unkösten zu
bestreitten. gütigste, meine allerbeste Frau von Gennzinger, nehmen Sie die sache über sich, ich bitte noch-
mahlen, Sie thun an mir das gröste werk der barm-
herzigkeit, ich werde Ihnen die ursach davon bey meiner ankunft selbst Erklären, und alsdan Tausentmahl
Ihre schönen Hände mit Ehrfurcht küssen, und zugleich
meine schuld mit dankbahrkeit ersetzen. die überschriebene Feyerlichkeit in ansehung meines kleinen Talents
rührte mich innigst. doch aber nicht ganz vollkomen,
weil mir scheint, dass Euer gnaden nicht ganz zufrieden
waren. vielleicht ersetze ich diese unvollkomenheit mit

einer andern Sinfonie, die ich Euer gnaden mit näch-
stem übermachen werde; ich sage vielleicht, denn ich
— oder mein geist ist in der That müde. nur der Beystand des Himmels kan das ersetzen, das meinen Kräften mangelt. ich bitte Ihn täglich darum, den ohne Seinen beystand bin ich ein armer Tropf! nun, meine Einzige gnädige Frau, gedenke ich, und hofe einige nachsicht — o ja ich habe gegenwärtig Ihr bild ganz vor
mir, ich höre Sie sprechen: „nun vor dissmahl Sie abscheulicher Haydn will ich Ihnen vergeben. aber —
aber —" nein, nein, ich werde diese zeit hindurch
öfters meine Pflicht beobachten. für Heute muss ich
Enden, und sagen, dass ich wie allzeit mit all ersin-
licher Hochschätzung bin, und seyn werde:

Meiner gnädigsten Frau v. Gennzinger

ganz gehorsamster Diener
Joseph Haydn m. p.

Mein gehorsamste Empfehlung an
Hrn. gemahl und all übrige.

bitte um vergebung, dass ich mir stets
die Freiheit nehme, die Keesischen
Brife beyzuschlissen, ich weis seine woh-
nung nicht.

London den 2. Februar 1792.

Hoch, und wohl gebohrne
Hochschäzbahrste Frau v. Gennzinger!

Dero gütiges schreiben samt der richtigen übersendung der Fantasie und Sonate a tre hab ich Heute
den 1. Februarj sicherst erhalten, nur wurde ich nach
Eröfnung dieses ein wenig betribt, da ich glaubte, und
Hofte die schon So lang und oft anverlangte Sinfonie
in E mol mit darunter zu finden! gnädige Frau! ich
bitte Sie dringenst, mir dieselbe ohne verzug auf klein
Post Papier sobald möglich anhero zu schücken; ich
werde ja herzlich gerne alle unkösten bezahlen; dan
gott weis, wan die Sinfonien von Brüssel an Hero kommen werden? ich kan diese ohne grossen verlurst nicht
entbehren. Verzeihen Sie, allerbeste gnädige Frau, dass
ich Sie so oft damit Seccire. ich werde aber ganz sicher
der Danckbahrste seyn.

ich bin dergestalt mit so vieler arbeith überhauft,
dass ich gegenwärtig an Hrn. v. Keess nicht schreiben
kan, dahero bitte ich gehorsamst die besagte Sinfonie
von hochdemselben nebst meinem gehorsamsten Respect
zu verlangen. Bin unterdess mit all gebührender Hochachtung

Euer Gnaden

ganz gehorsamster
Diener.

an Hrn. Gemahl, liebe Kinder
und v. Kreubich meinen Respect.

von den Nähnadln soll Euer gnaden
eine gute Portion erhalten.

Madame
Madame Anne Noble de
Gennzinger née noble de Kayser

a

im Schottenhof auf   Vienne
der Haupt Stiege   en autriche.

London den 2. Mertz 1792.

Hoch, und wohl gebohrne
Gnädige Frau!

Gestern Abends erhielt ich Dero wehrtes schreiben
samt der anverlangten Sinfonie; küsse Euer gnaden gehorsamst die Hände für die so schleinige und sorgfäl-
tige übersendung. ich hatte zwar dieselbige 6 Tage
bevor von Brüssel durch Hrn. v. Keess erhalten; allein
mir war die Partitur um so viel angenehmer, weil ich
vieles davon für die Engländer abändern muss. ich bedaure nur, dass ich mit meinen Commissionen Euer
gnaden so oft überlästig seyn muss, um So viel mehr,
da ich gegenwärtig nicht im stande bin, meine schuldige
danckbahrkeit zu bezeugen. ich gestehe und versichere
Euer Gnaden, dass ich derowegen in grosser Verlegen-
heit und in der That manche Täge in tiefer Traurig-
keit lebe; besonders, weil ich dermahlen die für Euer
Gnaden gewidmete neue Sinfonien aus nachstehenden
ursachen nicht übermachen kan. Erstens weil ich willens bin, das letzte Stück von derselben abzuändern,
und zu verschönern, da solches in rücksicht der Ersten
Stücke zu schwach ist. ich wurde dessen sowohl von
mir selbst als auch von dem Publico überzeugt; da ich
dieselbe vergangenen Freytag zum erstenmahl producirte; Sie machte aber ungeacht dessen den Tiefesten
Eindruck auf die Hörer; die 2. ursach ist, weil ich in
der that befürchte, dass dieselbe möchte gefahr laufen
in fremde Hände zu komen. ich Erschracke nicht wenig, als ich die unangenehme nachricht von der Sonate
lesen musste. bey gott! ich wolte lieber 25 Ducaten
verlohren haben, als diesen Diebstahl zu erfahren, und

diss kan niemand anderer gethan haben, als mein eigener Copist. allein ich hofe zu Gott diesen verlurst zu ersetzen, und zwar wider durch die Hand der Madam Tost. dan ich wolte mir ja von Ihr keine vorwürfe machen lassen. Euer gnaden müssen demnach mir Ihre gütige nachsicht schenken, bis ich selbst die gnade haben werde, bis Ende July, sowohl die Sonate, als auch die Sinfonie zu übergeben, Nota bene die Sinfonie durch meine, die Sonate aber durch Madam Tosts Hände. ich kan auch dermahlen Hrn. v. Keess mit den versprochenen Sinfonien nicht dienen, weil auch hier der mangl an denen getreuen Copisten herschet. wenn ich zeit hätte, schrübe ich es selbst, allein, kein Tag, ja gar kein Tag bin ich ohne arbeith, und ich werde meinem lieben gott danken, wenn ich wie eher desto lieber werde London verlassen könen. meine arbeithen erschweren sich durch die ankunft meines schüllers Pleyl, welchen die Hrn. Professionalisten zu Ihrem Concert anhero kommen lissen. Er kam mit einer menge neuer Compositionen, welche Er schon lang vorhero verfertigte, anhero an. Er versprache demnach alle abende ein neues Stück zu geben. da ich dan diss sahe und leicht einsehen konte, dass der ganze haufe wider mich ist, liesse ich es auch Publiciren, dass ich ebenfals 12 neue verschiedene Stücke geben werde. um also worth zu halten, und um den armen Salomon zu unterstüzen, muss ich das Sacrifice seyn und stets arbeithen. ich fühle es aber auch in der That. meine Augen leyden am meisten, und hab viele schlaflose nächte. mit der hilfe gottes werd ich alles überwinden. die Hrn. Professionisten suchten mir eine brille auf die Nase zu setzen, weil ich nicht zu Ihrem Concert überginge; allein das Publicum ist gerecht. ich erhielte voriges

Jahr grossen beyfall, gegenwärtig aber noch mehr. man critisirt sehr Playels Kühnheit. unterdessen liebe ich Ihn denoch, ich bin jederzeit in seinem Concert, und bin der erste, so Ihm Applaudirt. mich freyet es herzlich, dass sich Euer gnaden samt allen angehörigen wohl befinden. ich bitte mein gehorsamsten Respect an alle. die zeit naht herbey meinen Couffer zu Repariren. o wie froh werd ich seyn, Euer gnaden wider zu sehen, und Persönlich zu zeigen, mit welcher Hochachtung ich in abwesenheit war, und künftighin seyn werde,

gnädige Frau,

Ihr ganz gehorsamster Diener
Jos. Haydn m. p.

ich Erdreiste mich Euer gnaden zu bitten, da mir meine geschäfte die zeit nicht erlauben, dem Hrn. v. Keess, nebst meinem gehorsamsten Respect, zu sagen, dass ich wegen obigen ursachen die neuen Sinfonien nicht übermachen kan. ich werde selbst die Ehre haben, diese an künftigen weynachts Musicken bey hochdemselben zu Dirigirn.

Madame
Madame Anne Noble de
Gennzinger, née Noble de Kayser
a

Vienne
im Schotten Hof. en autriche.

London den 24. Aprill 1792.

Hoch, und wohl gebohrne!
Gnädige Frau!

Gestern abends Erhielte ich mit viel vergnügen
Dero leztes schreiben vom 5. Aprill mit dem beyge-
fügten zeitungs Innhalt, so man in betref meines wenigen Talentes den wiennern kund machte. ich muss es
gestehen, dass ich mit diesem kleinen Stück Chor, als
die Erste Probe in Englischer sprache, mir vielen Credit in der Sing Music bey denen Engländern erworben
habe. nur schade, dass ich nicht mehr dergleichen
Stücke wehrend meines Hier seyns habe verfertigen
könen, indem man in unserm Concert Tage keine Sin-
ger knaben haben konte, zumahlen dieselbe schon ein
Jahr zu vor in anderwärtigen Accademien, deren sehr
viele sind, engagirt waren. ohngeachtet der grossen
Opposition und Music feinde, so wider mich sind, und
sich besonders samt meinem schüller Pleyl diesen winter alle mühe gaben, mich herabzusetzen, erhielte ich
(gott lob) die oberhand. ich mus aber bekennen, dass
ich wegen so vieler arbeith ganz ermüdet und erschöpft
bin, und sehe mit heissem wunsch meiner Ruhe entgegen, welche sich dan gar bald meiner erbarmen wird.
ich küsse Euer gnaden die Hände für die so gütige
vorsorge meiner Persohn, ich habe es eben So wie Euer
gnaden vorbedacht, gegenwärtig nicht nach Paris zu
gehen, es sind deren noch mehr andere ursachen, so
ich Euer gnaden mindlich sagen werde. ich erwarte
von meinem Fürsten, den ich lesthin schriebe, die ordre,
wohin ich mich verfügen soll. es kan seyn, dass Er
mich nach Frankfurth kommen läst, wo nicht, so gehe

ich (unter uns) über Holland, nach Berlin zum König
von Preussen, von da nach leipzig, Dresden, Prag, und
endlich nach wien, um alle meine freunde zu umarmen.
unter dessen bin ich mit vorzüglichster Hochachtung
Meiner allergütigsten

Frau v. Gennzinger

ganz gehorsamster Diener
Joseph Haydn m. p.

Mein Ergebensten Respect an Hoch Dero Hrn. Gemahl — freyle Pepi und alle übrigen, nicht minder an
Hrn. v. Kreubich „es fr — es fre — es freyd" mich
sehr, dass Er das vergnügen hat, unter Ihrer Freundschaft zu stehen. Nota bene zu Ende Julj hofe ich
Euer gnaden die Hände zu küssen. ich bitte um vergebung, dass ich heute kein Covert mache, die zeit ist
zu kurz.

v. London.

Madame
Madame Anne Noble de
Gennzinger, née Noble de Kayser

a

Vienne
im schotten Hof.   en autriche.

Gnädige Frau!

Da Herr v. Keess mich Heute zu sich auf Mittag geluden, habe ich gelegenheit Seiner Frau gemahlin die versprochenen Nähe Nadeln zu geben. solten also Euer gnaden ein belieben haben, mir einige davon zu übersenden, so werde ich im stande seyn mein Versprechen zu erfüllen, wofür ich Euer gnaden die Hände küsse, und bin mit aller Hochachtung

Dero

ganz Ergebenster Diener
Joseph Haydn m. p.

Vom Hauss den 4. Augusti 1792.

(In Billetform.)

Madame
Madame de Gennzinger
a
Son Logis.

Gnädige Frau!

Nebst anwünschung eines guten Morgen Bitte ich
Euer gnaden dem überbringer dieses die lezt-grössere
Aria in F minor von meiner opera zu übergeben, welche
ich für meine Fürstin abschreiben lassen muss. ich
werde solche längstens in 2 Tagen selbst wieder überbringen. Heute nehme ich mir die Freyheit, mich auf
Mittag einzuladen, wo ich gelegenheit haben werde,
Euer gnaden dafür die Hände zu küssen. unterdessen
bin ich wie allzeit

Euer Gnaden

ganz dienstfertigster Diener
Joseph Haydn m. p.

Vom Hauss den 13. November 1792.

(Billetform.)

Madame
Madame Noble de Gennzinger
a
Son Logis.

Das vorstehende Verzeichniss ist einem Londoner Verlags - Cataloge entnommen und dürfte bei dem Umstande willkommen sein, dass in deutschen Büchern bis jetzt nirgends klar gesagt ist, welche denn eigentlich aus der grossen Zahl der Haydnschen Sinfonien die zwölf Londoner seien.